Julian Gerlach

Professionelles Personalmanagement zur Bewältigung von Crunch Time

Eine kritische Analyse der Verschmelzung von Arbeit und Privatleben

Bibliografische Information der Deutschen Nationalbibliothek:

Die Deutsche Nationalbibliothek verzeichnet diese Publikation in der Deutschen Nationalbibliografie; detaillierte bibliografische Daten sind im Internet über http://dnb.d-nb.de abrufbar.

Impressum:

Copyright © ScienceFactory 2018

Ein Imprint der Open Publishing GmbH

Druck und Bindung: Books on Demand GmbH, Norderstedt, Germany

Covergestaltung: Open Publishing GmbH

Inhaltsverzeichnis

Abbildungsverzeichnis

1 Einleitung

1.1 Problemstellung

Ein sehr aktuelles und auch für die Zukunft im internationalen Wirtschaftsleben relevantes Thema ist die zunehmende Entgrenzung von Arbeit und Privatleben. Der schnelle technologische Fortschritt bringt mit der ständigen Erreichbarkeit Fluch und Segen zugleich: obwohl unser Alltag in vielerlei Hinsicht einfacher geworden ist, sind auch viele Beschwerden und Erkrankungen in den letzten Jahren der Technik geschuldet. Wir haben einerseits unser Büro immer zur Hand und bekommen wichtige Nachrichten aus aller Welt ohne zeitliche Verzögerung, doch bringt dieser große Informationsfluss auch Erkrankungen des Geistes und der Nerven, besonders das Burn-Out Syndrom, hervor. Dabei sollen uns diese neuen Möglichkeiten den Alltag erleichtern! Diesen Widerspruch auszuleuchten, ist Thema der vorliegenden Arbeit.

Studien zeigen, dass der Arbeitsplatz und andere Rahmenbedingungen einen großen Einfluss auf die Produktivität haben.[1] Maximale Produktivität ist im wirtschaftlichen Sinne das Ziel jedes Unternehmens. Um Mitarbeitern eine bessere Arbeitsatmosphäre zu bieten, wenden IT-Unternehmen verschiedene Strategien an. Sie bieten oftmals mehr an als Work-Life-Balance und flexible Arbeitszeiten, um ihre Mitarbeiter immer neu zu motivieren. Von Personalrestaurants über verschiedene Vergünstigungen bis hin zu Sportangeboten schaffen sie Möglichkeiten zum Stressabbau.

Google ist Pionier auf dem Gebiet Work-Life-Balance: „Der Software-Riese wartet in seinen Büros mit verspielter Inneneinrichtung auf, das kostenlose Kantinenessen hat Restaurantqualität, Massagesessel schütteln die "Googler" durch".[2] Es gibt sogar kleine Kokons, um zu schlafen. Das Unternehmen bringt somit das Zuhause quasi zum Arbeitsplatz. Hierdurch soll auch erreicht werden, dass die Mitarbeiter den ganzen Tag arbeiten können und zum Sport treiben oder Schlafen das Unter-

---

[1] vgl. Kergal, Studie: Arbeitsplatzgestaltung hat Auswirkungen auf Produktivität in: http://www.shortnews.de/id/851512/studie-arbeitsplatzgestaltung-hat-auswirkungen-auf-produktivitaet, 28.09.2010, abgerufen am 05.07.2016

[2] Orgas, Julia, Work-Life-Balance mehr als flexible Arbeitszeiten, in: https://www.staufenbiel.ch/bewerbung- karriere/karriereplanung/work-life-balance/was-unternehmen-fuer-work-life-balance-tun.html, 20.09.2015, abgerufen, am 05.07.2016

nehmen nicht einmal verlassen müssen. Doch geschieht all dies natürlich nicht uneigennützig, sondern mit Blick auf die Steigerung der Produktivität der Mitarbeiter. Das Ergebnis: Durch die vielen Möglichkeiten merken die Mitarbeiter oft nicht, dass sie sehr viel Zeit im Büro verbringen und haben das Gefühl, nicht nach Hause gehen zu müssen! Das Einzige, was ein Unternehmen seinen Mitarbeitern nie bieten kann: Das Privatleben mit Freunden, Partnern und Familie. Genau diese kommen aber in vielen Fällen zu kurz.

Ein weiterer Faktor: die zunehmende Flexibilisierung der Arbeit. Mitarbeiter können ihre Arbeitstage selbst organisieren, können früher oder später anfangen und aufhören, aber auch die Lage und Länge von Pausen bestimmen.[3] Dies klingt nach Freiheit und einem großen Zugeständnis, führt aber häufig dazu, dass auf die Rhythmisierung des Arbeitslebens eingegriffen wird. Somit gibt es keinen festen Feierabend, auf Pausen darf gänzlich verzichtet werden. Tatsächlich besteht das Resultat darin, dass Mitarbeiter selbstständig mehr arbeiten, als es gesetzlich vorgeschrieben ist. Daher ist im Arbeitsvertrag festgelegt, dass der Mitarbeiter eigenverantwortlich zu arbeiten hat.[4] Das bedeutet beispielsweise, dass der Mitarbeiter eigens verantwortlich dafür ist, wenn bei ihm der zu hohe Stresseinfluss eine Schlaflosigkeit zur Folge hat, obwohl die Menge der Arbeit und der Druck von Seiten des Unternehmens kommt. Zusätzlich wird durch Mobiltelefon und Co. ständige Erreichbarkeit garantiert, wodurch zusätzlich ein Übergriff auf das Privatleben stattfindet. Es hat also eine vollständige Entgrenzung von Arbeit und Privatleben stattgefunden, da der Mitarbeiter, selbst wenn er zuhause ist, der Arbeit nicht entkommt.

Die Trennung von Erwerbsarbeit und dem privaten Leben ist ein schwindendes Konzept – überraschenderweise ist dies vielen Arbeitnehmern nicht bewusst. Das Privatleben beginnt mit dem Verlassen des Arbeitsortes zum Feierabend, doch viele Arbeitnehmer sind trotzdem noch erreichbar. Da viele Beschäftigte die Erreichbarkeit aber nicht als Arbeit empfinden, ist dem schleichenden Prozess schwer beizukommen. Denn wer ständig erreichbar ist, ist unterbewusst doch noch bei der Arbeit.

---

[3]   vgl. Voß, G Günter, Die Entgrenzung der Arbeit und der Arbeitskraft, Nürnberg 1998, E-Book, 1

[4]   vgl. Weilbacher, Jan C., „Viele haben verlernt, eigenverantwortlich zu arbeiten", in: https://www.humanresourcesmanager.de/ressorts/artikel/viele-haben-verlernt-eigenverantwortlich-zu-arbeiten, 06.03.2014, abgerufen am 10.07.2016

Wichtig ist, dass der Begriff der Trennung und dessen Bedeutung den meisten nicht bewusst ist. Es ist ein vernachlässigtes Konzept, das auch von Unternehmen wenig popularisiert wird. Zum einen entspricht es nicht den wirtschaftlichen Zielen, zum anderen sind Unternehmen, gerade in der ITBranche, darauf angewiesen, ihre Mitarbeiter ständig zu erreichen, um auf alle Entwicklungen direkt reagieren zu können.

Das Extrem der Entgrenzung stellt die Crunch time dar. Crunch Time ist eine englische Vokabel und bedeutet übersetzt eigentlich nicht mehr als die „entscheidende Phase".[5] In den letzten Jahren hat der Ausdruck aber an Bedeutung gewonnen und ist zum Begriff für die Endphase eines Projektes, das unter Zeit- und Erfolgsdruck zu einem bestimmten Termin abgeschlossen werden muss, geworden. Es wurde zu einem Ausdruck im normalen Sprachgebrauch in der Arbeitswelt. Somit wird dieses Konzept bei der zeitlichen Planung eines Projektes bereits die Endphase, in der Mitarbeiter nicht selten bis in die Nacht arbeiten, mit eingeplant. An dieser Entwicklung ist abzulesen, wie präsent Zeitdruck geworden ist.

Der Begriff Crunch time ist von der IT-Branche stark geprägt und findet in diesem Bereich wahrscheinlich seinen Ursprung. Primär angewendet wird diese Art des Projektmanagements in der Game-Entwicklungs-Branche. Dabei findet eine vollständige Entgrenzung von Privat- und Arbeitsleben statt. Sowohl in Bezug auf die gesundheitlichen und sozialen Aspekte der Mitarbeiter, als auch auf die Produktivität des Unternehmens, können die Folgen der Überarbeitung verheerend sein. Da man um die Nachteile weiß, ist fraglich, warum dieses Konzept dennoch angewendet wird und wie es möglicherweise umgangen werden kann.

Die Vermutung, dass Unternehmen auf Crunch Time verzichten sollten, liegt hier nahe. Doch dem ist nicht so – viel zu selbstverständlich und fest verankert in der Zeitplanung vieler Unternehmen ist dieses Konzept bereits. Da Unternehmen aber um diesen Konflikt wissen, ergreifen Sie andere Maßnahmen, um den Erkrankungen, die potenziell damit einhergehen, vorzubeugen – mit Erfolg, zumindest zunächst. Hierauf werden wir im Folgenden noch detailliert eingehen.

---

[5]　vgl. bab.la Wörterbuch, http://de.bab.la/woerterbuch/englisch-deutsch/it-s-crunch-time, o.J., abgerufen am 05.07.2016

1.2 Zielsetzung

Die Zielsetzung dieser Arbeit liegt in der Beantwortung der Frage, ob Crunch Time und die Entgrenzung von Arbeit umgangen werden kann. Außerdem soll ein proaktiver, möglichst positiver Umgang im Falle von nicht zu vermeidender Crunch Time gefunden werden. Dies geschieht anhand möglichst aktueller Literatur zu den Themen Entgrenzung von Arbeit und Crunch Time in der IT-Branche, wodurch der aktuelle Forschungsstand dieser Fokusthemen ermittelt wird. Weiterhin bilden aber auch allgemeine Literatur zu den oben genannten Sachverhalten die Grundlage für diese Arbeit, sowie Literatur zu den angrenzenden Aspekten wie Stressbewältigung, Arbeitsbedingungen in der IT-Branche und der Wandel von Arbeitsbedingungen in den letzten Jahren. Beginnend mit den Definitionen der jeweiligen Begriffe soll verdeutlicht werden, was genau unter der Entgrenzung zu verstehen ist und wodurch diese entstanden ist. Weiterhin soll Aufschluss darüber gegeben werden, warum es heutzutage noch zur Anwendung dieser Art von Projektmanagement kommt sowie zu deren Konsequenzen. Abschließend werden mögliche Maßnahmen des Professionellen Personalmanagements hergeleitet, die als Alternative zu Crunch Time beziehungsweise zu deren Bewältigung dienen sollen und so langfristig deutlich besser für den Mitarbeiter sind und möglicherweise auch positive Effekte für das Unternehmen, bezogen auf Arbeitsmotivation, Produktivität und Kreativität haben könnten.

2 Theoretische Grundlagen

2.1 Entgrenzung von Arbeit

„Zwischen den Bereichen Arbeit und Leben, die früher so strikt voneinander getrennt waren, verwischen die Grenzen zunehmend".[6] Durch eine immer größer werdende Flexibilität im beruflichen Alltag kommt es nach und nach zu einer Auflösung der üblichen Strukturen betrieblicher Arbeit.[7] Flexibilisierung der Arbeitszeiten wie beispielsweise durch Gleitzeit, Wochenendarbeit, Arbeit auf Abruf und flexible Arbeitsorte, ermöglicht durch Home Office, Telearbeit und Co., führen sowohl zu einer zeitlichen, als auch räumlichen Entgrenzung. Oft kommt es auch zu einer sozialen Entgrenzung, da der Bezug zu einem festen Kollegenkreis aufgehoben wird.[8] All das zieht eine Vermischung der Sphären zwischen Erwerbsarbeit und privatem Leben nach sich.[9]

Auch der Softwaregigant Google gewann bei seiner Langzeitstudie namens gDNA neue Informationen bezogen auf die Balance zwischen Leben und Arbeit.[10] Ziel war es, wissenschaftlich zu ergründen,[11] wie man eine gute Arbeitsumgebung schafft, wie man Teams zusammensetzt, um Probleme am besten lösen zu können und die Produktivität maximiert.[12] Hierzu wurden 400 zufällig ausgewählte Google Mitarbeiter in Tiefen-Interviews hinsichtlich ihrer Persönlichkeitsmerkmale sowie zu

---

[6]   Haas, Nadine, Entgrenzung von Arbeit und Leben, o.O. 2013, E-Book, 1

[7]   vgl. Gottschall, Karin, Entgrenzung von Arbeit und Leben, o.O. 2004, E-Book, 1

[8]   vgl. o.A., Begriff und Theorie - Entgrenzung und Subjektivierung von Arbeit, in:
      http://www.arbeitenundleben.de/Ent-Begr.htm, o.J, abgerufen am 05.07.2016

[9]   vgl. Gottschall, Karin, Entgrenzung von Arbeit und Leben, o.O. 2004, E-Book, 1

[10] vgl. Dickey, Megan Rose, Most Google Employees Can't Separate Work From Their Personal
      Life, in: http://www.businessinsider.com/google-employees-work-life-balance-2014-
      3?IR=T, 28.03.2014, abgerufen am 05.07.2016

[11] vgl. Janotta, Anja, Wie Google die Work-Life-Balance verbessern will, in:
      http://www.wuv.de/digital/wie_google_die_work_life_balance_verbessern_will, 01.04.2014,
      abgerufen am 05.07.2016

[12] vgl.Bock,Laszlo,Google'sScientificApproachtoWork-LifeBalance(andMuchMore),in:
      https://hbr.org/2014/03/googles-scientific-approach-to-work- life-balance-and-much-
      more, 27.03.2014, abgerufen am 05.07.2016

ihren Lebensund Arbeitsumständen befragt.[13] Um die „Googler" länger an das Unternehmen zu binden und sie stets produktiv zu halten, bietet die Firma eine Vielzahl an Angeboten zur Stressreduktion. Von kostenlosem Essen über Massagesessel bis hin zum Fitnessstudio im Büro findet man hier alle Möglichkeiten, um den Aufenthalt im Büro angenehmer zu gestalten. Wenn der Arbeitsplatz mehr zu bieten hat als das eigene Zuhause, führt das dazu, dass die Mitarbeiter oft gar nicht merken, wenn sie bereits einige Stunden im Büro verbracht haben.

So fand man in der Studie heraus, dass es für einen Großteil keine zwei Waagschalen mehr zwischen dem beruflichen und dem privaten Leben gibt.[14] Durch den technologischen Fortschritt besteht die Möglichkeit, ständig und überall erreichbar zu sein, was die Entgrenzung verstärkt.

Laut dem Ergebnis der Google-Studie können nur 31% der Befragten, die sogenannten Segmentors, „eine Grenze zwischen dem Arbeitsstress und dem Rest des Lebens ziehen"[15], das heißt leben ohne ständig an den Arbeitsalltag denken zu müssen oder die Deadlines von ihren Projekten im Hinterkopf zu haben. Die restlichen 69% sind die Integrators, sie schaffen es nicht abzuschalten. Selbst nach Feierabend wird unterbewusst stets über die Arbeit nachgedacht, es werden wieder und wieder Emails gecheckt, um zu kontrollieren, ob möglicherweise neue Arbeit gekommen ist.[16]

Mehr als die Hälfte der Integrators streben an, auch besser eine Grenze zwischen beiden Lebensbereichen ziehen zu können. Sie erklärten, „ es ist oft schwer zu beurteilen, wo mein Arbeitsleben endet und mein Privatleben beginnt".[17] Sie haben

---

[13] vgl. Janotta, Anja, Wie Google die Work-Life-Balance verbessern will, in: in: http://www.wuv.de/digital/wie_google_die_work_life_balance_verbessern_will, 01.04.2014, abgerufen am 05.07.2016

[14] vgl. Janotta, Anja, Wie Google die Work-Life-Balance verbessern will, in: in: http://www.wuv.de/digital/wie_google_die_work_life_balance_verbessern_will, 01.04.2014, abgerufen am 05.07.2016

[15] Bock, Laszlo, Google's Scientific Approach to Work-Life Balance, in: https://hbr.org/2014/03/googles-scientific-approach-to-work-life-balance-and-much-more, 27.03.2014, abgerufen am 05.07.2016

[16] vgl. Bock, Laszlo, Google's Scientific Approach to Work-Life Balance, in: https://hbr.org/2014/03/googles-scientific-approach-to- work-life-balance-and-much-more, 27.03.2014, abgerufen am 05.07.2016

[17] Bock, Laszlo, Google's Scientific Approach to Work-Life Balance, in: https://hbr.org/2014/03/googles-scientific-approach-to-work-life-balance-and-much-more, 27.03.2014, abgerufen am 05.07.2016

das Gefühl, sich ihrem Arbeitgeber voll und ganz zu Verfügung stellen zu müssen. Konkret fühlt sich jeder dritte der „Rund-um-die-Uhr-Verfügbarkeit" ausgesetzt.[18]

„Diesem Prozess können sich die meisten nur schwer entziehen, denn durch moderne Kommunikationstechnologien werden Übergriffe aus dem Bereich der Arbeit in den des Privatlebens möglich".[19] Sie befinden sich also in einem Zustand, indem diese beiden Bereiche nicht miteinander im Einklang stehen, das Privatleben wird von der Arbeit dominiert. „Unter diesen Bedingungen müssen die Individuen selbst für Abgrenzung sorgen, in verstärktem Maße selbst zeitliche und räumliche Grenzen ziehen".[20]

2.1.1 Beispiel für die Folgen der Entgrenzung in der Arbeitswelt

Ein Beispiel dafür, dass Entgrenzung auch in den Führungsetagen stattfindet, ist der Rücktritt des Google CEO Patrick Pichette mit 52 Jahren. Als Grund hierfür gab er an, dass er nun mehr Zeit mit

seiner Familie verbringen möchte, was er vorher nicht konnte.[21] Pichette schaffte es also nur durch die Niederlegung seines Jobs, der Entgrenzung zu entkommen und das, obwohl er viel Einfluss auf die Arbeitsgestaltung bei Google hatte. Er schrieb: „ I was always on – even when I was not supposed to be".[22]

Selbst dem CEO von Google war es also nicht mehr möglich, eine Grenze zwischen Privatleben und Arbeit zu ziehen. Das sendet eine eindeutige Message an den Rest der Mitarbeiter, die auch danach streben, dass Privat- und Berufsleben im Einklang stehen.

---

[18] vgl. Kontio, Carina, Qualmender Kopf und hohe Drehzahl, in: http://www.handelsblatt.com/unternehmen/beruf-und-buero/buero-special/arbeitsverdichtung-und-arbeitsdruck-qualmender-kopf-und-hohe-drehzahl/9792946.html, 26.04.2014, abgerufen am 05.07.2016

[19] Haas, Nadine, Entgrenzung von Arbeit und Leben, o.O. 2013, E-Book, 1

[20] Jürgens, Kerstin/ Voß, G. Günter, APuZ, Entgrenzung von Arbeit und Leben (34/2007), in: http://www.bpb.de/shop/zeitschriften/apuz/30283/entgrenzung-von-arbeit-und-leben, 20.08.2007, abgerufen am 05.07.2016

[21] vgl. Drexxler, Peggy, Work/life balance an impossible dream? In: http://edition.cnn.com/2015/03/12/opinions/drexler-work-life-balance/, 15.032015, abgerufen am 05.07.2016

[22] Drexxler, Peggy, Work/life balance an impossible dream? In: http://edition.cnn.com/2015/03/12/opinions/drexler-work-life- balance/, 15.032015, abgerufen am 05.07.2016

2.2 Arbeitsverdichtung

Die Globalisierung und die Digitalisierung haben zu einem Strukturwandel in der Arbeitswelt der IT-Branche geführt. „Immer mobiler werdende Arbeitsprozesse sowie stetig wachsende Ansprüche der Unternehmen an eine hohe organisatorische Flexibilität"[23] führen zu einer neuen Art der Arbeitsorganisation. Zu jeder Zeit und überall erreichbar zu sein, lässt die Stressbelastung stark ansteigen.[24] Hinzu kommt die sogenannte Arbeitsverdichtung und Beschleunigung, die den Druck auf den Mitarbeiter weiter erhöhen. Die Arbeitsmenge steigt und gleichzeitig werden die Aufgaben komplexer.[25] Doch obwohl die Mitarbeiter viel Verantwortung übernehmen müssen, bleibt ihre Mitbestimmung über betriebliche Arbeitsabläufe meist eingeschränkt.[26] Viele Technologien, Datenbanken, Programmiersprachen und immer neu hinzukommende Anforderungen an die Anwendung, sowie Probleme mit Hardoder Software[27], sind bekannte Schwierigkeiten in der IT-Branche. Aber auch die hohen Ansprüche, die jeder Mitarbeiter an die Qualität und Nachhaltigkeit seines Projektes stellt, führen häufig zu einer Sinnkrise.[28]

Aufgrund der Führung nach Leistungsbeurteilung herrscht ein permanenter Leistungsdruck bei den Beschäftigten. Sie müssen immer wieder beweisen, dass sie wesentlich zum Firmenerfolg beitragen, um weiterhin zum Unternehmen dazugehören zu dürfen.

---

[23] o.A., Tablets allein machen noch keinen Sommer, in: http://www.business-wissen.de/artikel/arbeitsorganisation-tablets-allein-machen-noch-keinen-sommer/, 14.12.2012, abgerufen am 05.07.2016

[24] vgl. Kontio, Carina, Qualmender Kopf und hohe Drehzahl, in: http://www.handelsblatt.com/unternehmen/beruf-und-buero/buero- special/arbeitsverdichtung-und-arbeitsdruck-qualmender-kopf-und-hohe-drehzahl/9792946.html, 26.04.2014, abgerufen am 05.07.2016

[25] vgl. Kontio, Carina, Qualmender Kopf und hohe Drehzahl, in: http://www.handelsblatt.com/unternehmen/beruf-und-buero/buero-special/arbeitsverdichtung-und-arbeitsdruck-qualmender-kopf-und-hohe-drehzahl/9792946.html, 26.04.2014, abgerufen am 05.07.2016

[26] vgl. Jürgens, Kerstin/ Voß, G. Günter, APuZ, Entgrenzung von Arbeit und Leben (34/2007), in: http://www.bpb.de/shop/zeitschriften/apuz/30283/entgrenzung-von-arbeit-und-leben, 20.08.2007, abgerufen am 05.07.2016

[27] Dope, Bettina, IT-Projekte machen krank, in: http://www.cio.de/a/it-projekte-machen-krank,2977413, 12.12.2015, abgerufen am 10.07.2016

[28] vgl. Holzapfel, Nicola, Ständig erreichbar, immer kaputt, in: http://www.sueddeutsche.de/karriere/stressige-it-branche-staendig- erreichbar-immer-kaputt-1.132082, 17.05.2010, abgerufen am 10.07.2016

Wer im „System permanenter Bewährung"[29] nicht gewillt ist Mehrarbeit zu leisten, muss um seinen Arbeitsplatz bangen. Aus Angst vor negativen Konsequenzen schleppen sich viele sogar zur Arbeit, wenn sie krank sind und stellen dabei ihre Gesundheit in den Hintergrund. Die belegbar hohen gesundheitlichen Belastungen der Branche stehen im Widerspruch zu den niedrigen Krankenständen; die geringen Fehltage zeigen also nur die Oberfläche.

Doch parallel zum ständig steigenden Leistungsdruck wird zur Kostenreduktion weniger Personal eingesetzt, sodass oft gar nicht die nötigen Ressourcen zur Verfügung stehen, um die Aufgaben erfüllen zu können.[30] Zusätzlich führen unrealistisch gesetzte Deadlines dazu, dass der Zeitdruck immens ansteigt und die Mehrarbeit nur durch zahllose, meist unbezahlte Überstunden oder durch vermehrte Nutzung von Handy und Laptop in der Freizeit kompensiert werden kann.[31]

Die Auswirkung der Arbeitsverdichtung auf das Privatleben ist hier deutlich zu erkennen. Jeder zweite IT-Spezialist fühlt sich stark belastet[32], bis zu 40 Prozent der Beschäftigten weisen Anzeichen einer psychischen Erschöpfung auf.[33] Die gesund-

---

[29] Holzapfel, Nicola, Ständig erreichbar, immer kaputt, in: http://www.sueddeutsche.de/karriere/stressige-it-branche-staendig-erreichbar-immer-kaputt-1.132082, 17.05.2010, abgerufen am 10.07.2016

[30] vgl. Holzapfel, Nicola, Ständig erreichbar, immer kaputt, in: http://www.sueddeutsche.de/karriere/stressige-it-branche-staendig- erreichbar-immer-kaputt-1.132082, 17.05.2010, abgerufen am 10.07.2016

[31] vgl. o.A., IT-Profis stöhnen unter der Arbeitsverdichtung, in: http://www.computerwoche.de/a/it-profis-stoehnen-unter-der-arbeitsverdichtung,1094722, 10.11.1998, abgerufen am 10.07.2016

[32] vgl. Holzapfel, Nicola, Ständig erreichbar, immer kaputt, in: http://www.sueddeutsche.de/karriere/stressige-it-branche-staendig- erreichbar-immer-kaputt-1.132082, 17.05.2010, abgerufen am 10.07.2016

[33] vgl. Dope, Bettina, IT-Projekte machen krank, in: http://www.cio.de/a/it-projekte-machen-krank,2977413, 12.12.2015, abgerufen am 10.07.2016

heitlichen Folgen sprechen für sich: Die Anzahl der Burnout-Fälle allein in Deutschland ist in den letzten Jahren um 700 Prozent gestiegen.[34] Es ist also nicht verwunderlich, wenn sich kaum ein Mitarbeiter im IT-Bereich vorstellen kann, seinen Job bis zur Rente auszuüben.[35]

2.3 Das Phänomen „Crunch time"

Lange Arbeitszeiten und Überstunden sind in der IT-Branche durch Projektarbeit üblich.[36] Mitarbeiter und Vorgesetzte stehen unter ständigem Zeit- und Leistungsdruck und müssen Tag für Tag mit guten Ergebnissen überzeugen.

Projekte wie beispielsweise neue Computerspiele müssen natürlich termingerecht fertiggestellt werden, doch das geht wie beschrieben aufgrund der meist unrealistisch gesetzten Deadlines häufig auf Kosten der Mitarbeiter.[37] Ist noch viel Arbeit zu erledigen und nähert man sich dem Projektabschluss, wird die sogenannte „Crunch time" eingeleitet. Die Mitarbeiter müssen anstatt der normalen Arbeitszeit von 8–10 Stunden nun 12-16 Stunden täglich und bis zu 7 Tage die Woche im Büro verbringen, um gewährleisten zu können, dass die vorgegebene Deadline auf jeden Fall eingehalten wird.[38] Häufig reicht selbst das nicht aus und es muss auch über Nacht gearbeitet werden, sodass die Beschäftigten während der Crunch time Periode nahezu an ihrem Arbeitsplatz leben.[39]

---

[34] vgl. Kontio, Carina, Qualmender Kopf und hohe Drehzahl, in: http://www.handelsblatt.com/unternehmen/beruf-und-buero/buero-special/arbeitsverdichtung-und-arbeitsdruck-qualmender-kopf-und-hohe-drehzahl/9792946.html, 26.04.2014, abgerufen am 05.07.2016

[35] vgl. Holzapfel, Nicola, Ständig erreichbar, immer kaputt, in: http://www.sueddeutsche.de/karriere/stressige-it-branche-staendig-erreichbar-immer-kaputt-1.132082, 17.05.2010, abgerufen am 10.07.2016

[36] vgl. o.A., Überstunden und lange Arbeitszeiten, in: http://forum.golem.de/kommentare/wirtschaft/itk-entgeltanalyse-gehaelter-in-it-branche-steigen-leicht/ueberstunden-und-lange-arbeitszeiten/60877,2936610,2937136,read.html, 05.03.2012, abgerufen am 10.07.2016

[37] vgl. o.A., Überstunden und lange Arbeitszeiten, in: http://forum.golem.de/kommentare/wirtschaft/itk-entgeltanalyse-gehaelter-in-it-branche-steigen-leicht/ueberstunden-und-lange-arbeitszeiten/60877,2936610,2937136,read.html, 05.03.2012, abgerufen am 10.07.2016

[38] vgl. Schulz, Warren, Crunch Time, in: http://gameindustry.about.com/od/game-development/a/Crunch-Time.htm, 24.02.2016, abgerufen am 10.07.2016

[39] vgl. Schulz, Warren, Crunch Time, in: http://gameindustry.about.com/od/game-development/a/Crunch-Time.htm, 24.02.2016, abgerufen am 10.07.2016

Rund 78 Prozent der Mitarbeiter verbinden mit dieser Methode einen negativen Effekt, sowohl auf gesundheitlicher, als auch auf sozialer und familiärer Ebene. Für viele Betroffene ist es schwierig dem ständigen Druck standzuhalten. „ I wasn´t sleeping, I wasn´t eating very well. I was going out to drink a lot. It was the only way to deal shirking work, because you feel the anxiety. I´d wake up in the morning, and I´d be like, ´Oh god I have to go to work. I do not want to get out of bed today, because I don´t want to deal with this crap".[40]Doch trotz der hohen Arbeitsleistung, die die Mitarbeiter vollbringen, werden noch immer teile der Mehrarbeit nicht vergütet in den letzten zwei Jahren waren es 37 Prozent der Beschäftigten, die keine Ausgleichszahlung erhielten.[41]

Für die Gaming Industry ist Crunch time ein fester Bestandteil der Projektplanung, in erster Linie um die gesetzten Deadlines einzuhalten, aber auch um die Kosten so gering wie möglich zu halten. Die Unternehmen treiben ihre Mitarbeiter dazu an, die Projekte so schnell wie möglich zu bearbeiten, denn wenn weniger Entwicklungszeit benötigt wird, bedeutet dies zeitgleich eine Senkung der Kosten.[42] Für die meisten Spiele-Entwickler gehört Crunch zu ihrem Leben, denn ihnen bleibt keine Wahl.[43] Für die Game Branche ist jeder Beschäftigte komplett austauschbar, wenn die Performance nicht stimmt oder sich Beschwerden häufen, verliert man seinen Job.[44] Die Aussage eines Managers: „Go ahead and go. We´ve got 20 People to take your place."[45] macht deutlich, warum sich die meisten nur noch als Nummer fühlen. Aufgrund der enorm vielen Zeit, die Entwickler in ihren Job investieren müssen, ist

---

[40] Rivera, Joshua, Inside The Video Game Industry´s Culture of Crunch Time, in: https://hbr.org/2014/03/googles-scientific-approach-to-work-life-balance-and-much-more, 27.03.2014, abgerufen am 05.07.2016

[41] vgl. Takashi, Dean, Why 'crunch time' is still a problem in the video game industry, in: http://venturebeat.com/2016/03/20/why-crunch-time-is-still-a-problem-in-the-video-game-industry/, 20.03.2016, abgerufen am 10.07.2016

[42] vgl. Groen, Andrew, The death march: the problem of crunch time in game development, in: http://arstechnica.com/gaming/2011/05/the-death-march-the-problem-of-crunch-time-in-game-development/, 27.05.2011, abgerufen am 10.07.2016

[43] vgl. Rivera, Joshua, Inside The Video Game Industry´s Culture of Crunch Time, in: https://hbr.org/2014/03/googles-scientific- approach-to-work-life-balance-and-much-more, 27.03.2014, abgerufen am 05.07.2016

[44] vgl. Groen, Andrew, The death march: the problem of crunch time in game development, in: http://arstechnica.com/gaming/2011/05/the-death-march-the-problem-of-crunch-time-in-game-development/, 27.05.2011, abgerufen am 10.07.2016

[45] Takashi, Dean, Why 'crunch time' is still a problem in the video game industry, in: http://venturebeat.com/2016/03/20/why- crunch-time-is-still-a-problem-in-the-video-game-industry/, 20.03.2016, abgerufen am 10.07.2016

der Energieaufwand extrem groß und es bleibt wenig Zeit um die Ressourcen wieder aufzuladen oder um ein Familienleben zu führen. Die Mitarbeiter müssen also wählen zwischen dem Beruf und den Beziehungen zu Familie und Freunden.[46]

---

[46] vgl. Groen, Andrew, The death march: the problem of crunch time in game development, in: http://arstechnica.com/gaming/2011/05/the-death-march-the-problem-of-crunch-time-in-game-development/, 27.05.2011, abgerufen am 10.07.2016

3 Untersuchungsrahmen

3.1 Mentales Modell

Im mentalen Modell sollen die situativen Einflüsse dazu dienen, den Leser in die Problematik hineinzuführen. Den Ausgangspunkt bilden hier die Kennzahlen der Entgrenzung, sowie die einzelnen Komponenten der Arbeitsverdichtung als Auslöser des Strukturwandels in der Arbeitswelt.

Nun wird im Gestaltungsfeld zunächst der Bezug zur Hautproblematik, der Crunch time, hergestellt. Diese gilt als fest verankerter Teil der Projektplanung in der IT-Branche. Im Rahmen der Untersuchung werden die Konsequenzen der damit einhergehenden totalen Entgrenzung ausführlich erläutert.Im nächsten Teil wurden Maßnahmen des professionellen Personalmanagements aufgelistet, welche dazu dienen sollen das in der Arbeit beschriebene Problem zu lösen.

Die Erfolgskriterien bilden Maßstäbe, an denen der Erfolg der Lösungsansätze gemessen werden kann um zu bestimmen, ob die Umsetzung dieser Maßnahmen sinnvoll ist oder nicht.

Angelehnt daran, dass das Gestaltungsfeld inhaltlich den Großteil der Arbeit ausmacht, wurde dies auch im Mentalen Modell grafisch durch eine größere Darstellung berücksichtigt.

3.1 Mentales Modell

Entgrenzung der Arbeit in Zeiten von Crunch time - eine kritische Analyse

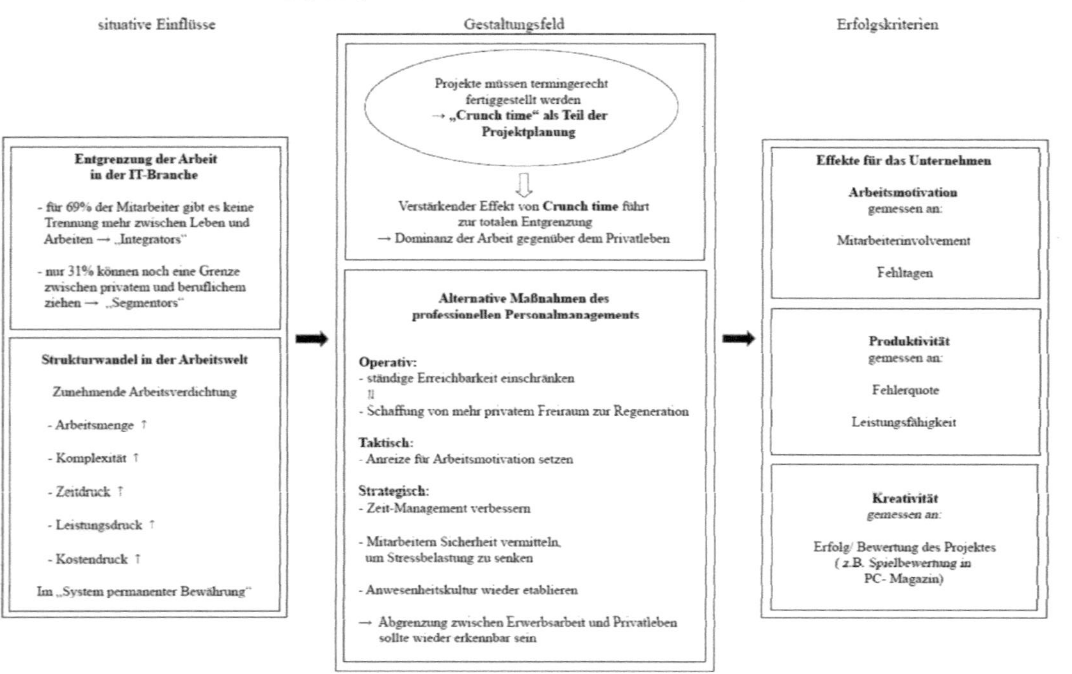

Abbildung 1: Mentales Modell
Quelle: eigen Darstellung

3.2 Methodik

Zum umfassenden Kennenlernen des Forschungsgebiets, wurden zunächst Informationen über die grundlegenden Begriffe des Titels gesammelt. Mit Hilfe von Google konnte ich mir so eine grobe Orientierung über den aktuellen Stand des Wissens zu meinen Themenbereich verschaffen.

Für die Erläuterungen der einzelnen Begrifflichkeiten wurden offizielle Definition aus verlässlicher Literatur gewählt. So wurde sichergestellt, dass Leser und Autor das gleiche Grundverständnis und damit den gleichen Ausgangspunkt haben.

Im weiteren Vorgehen wurde eine detaillierte eigenständige Literaturrecherche durchgeführt, anhand möglichst aktueller wissenschaftlicher Artikel aus dem Internet sowie Fachbüchern. Unter Zuhilfenahme dieser Informationen konnten die relevanten Probleme des Themas erörtert werden und schufen somit die Diskussionsgrundlage.[47] Nachdem eine Sammlung von Primärquellen angelegt wurde, war es möglich, auf Basis dieser Kenntnis eine grobe Gliederung und das mentale Modell zu erstellen. Diese bildeten den roten Faden, dem im Laufe der Arbeit gefolgt wurde. Da es keine Artikel gibt, die das gesamte Thema dieser Bachelorarbeit behandeln, wurde durch Auswahl über den Abstract nach passenden Veröffentlichungen für diese Arbeit gesucht. Nach dem Lesen und Analysieren aller zur Verfügung stehenden Quellen, wurden die relevanten Punkte zusammengefasst und zu einer Gesamtaussage verdichtet. Die hier dargestellten Sachverhalte beziehen sich sich auf mindestens zwei wissenschaftliche Artikel. So wurde das Risiko eingeschränkt, dass falsche oder ungültige Aussagen übernommen und ein verzerrtes Bild des aktuellen Stands der Literatur dargestellt wird. Zuletzt wurden Erfolgskriterien abgeleitet, die zum Schluss noch einmal einzeln ausgeführt werden.

---

[47] vgl. o.V., Kleiner Leitfaden „Literaturrecherche" in: http://www.uni-giessen.de/fbz/fb09/institute/ilr/abfall-und- ressourcenmanagement/lehrveranstaltungen/lehre/litrech, 05.2010, abgerufen am 03.10.2016

4 Untersuchung

4.1 Warum wird Crunch time angewendet?

Fraglich ist, warum Crunch time heutzutage immer noch Anwendung findet, obwohl viele negative Folgen damit verbunden werden. Wenn beispielsweise ein Projekt nicht mit genügend zeitlicher Flexibilität kalkuliert worden ist und nur ein Pro-
zessschritt etwas länger dauert als geplant, ist die Konsequenz eine Verspätung der
nachfolgenden Arbeitsabläufe. Was am Ende dazu führen kann, dass das Produkt
nicht pünktlich am Markt erscheint. Die einzige Möglichkeit besteht darin, die ver-
lorene Zeit durch Mehrarbeit aufzuholen.[48] Auch Deadlines, die unbedingt eingehalten werden müssen, führen häufig zu Crunch time. Wenn vom Auftraggeber ein
Release Date veröffentlicht wurde, bedeutet das, dass in jedem Store, der dieses
Produkt vertreibt, Regalplätze reserviert werden. Im Falle einer Verspätung muss
der Verantwortliche jeden Tag Geld für einen leer stehenden Regalplatz zahlen[49].
Der Auftraggeber legt außerdem viel Wert auf die Wahl des Erscheinungsdatums,
denn auch hiervon hängt der Erfolg des Spieles maßgeblich ab. Es wird genau darauf geachtet, dass beispielsweise ein Spiel nicht zum selben Zeitpunkt auf den
Markt gebracht wird, wie das des Konkurrenten.[50]

Doch auch wenn es während der Entwicklungsphase so scheint, als könnten alle
gesetzten Deadlines eingehalten werden, weil bis dato alles nach Plan lief, können
andere Ursachen dafür sorgen, dass es plötzlich zu Zeitproblemen kommt. Es kann
beispielsweise sein, dass der Auftraggeber nicht zufrieden mit der Aufmachung des
Spiels ist und verlangt, dass das Design oder andere Komponenten neu gestaltet
werden müssen. Und wenn das alles geschehen soll, ohne dass sich das Release
Date nach hinten verschiebt, sehen die meisten Manager keinen anderen Ausweg,
als die Crunch time einzuleiten.[51]

---

[48] vgl. Schulz, Warren, Crunch Time, in: http://gameindustry.about.com/od/game-develop-
ment/a/Crunch-Time.htm, 24.02.2016, abgerufen am 10.07.2016

[49] vgl. Robinson, Evan, Why Crunch Modes Doesn´t Work: Six Lessons, in,
http://www.igda.org/?page=crunchsixlessons, 2005, abgerufen am 02.08.2016

[50] vgl. Schulz, Warren, Crunch Time, in: http://gameindustry.about.com/od/game-develop-
ment/a/Crunch-Time.htm, 24.02.2016, abgerufen am 10.07.2016

[51] vgl. Schreier, Jason, The Horrible World Of Video Game Crunch, in: http://ko-
taku.com/crunch-time-why-game-developers-work- such-insane-hours-1704744577, o.J.,
abgerufen am 10.07.2016

Ziel des Managements ist es, das Maximum aus ihren Mitarbeitern herauszuholen, um das Produkt letztendlich so schnell und günstig wie nur möglich anbieten zu können. Es soll vermieden werden, neues Personal anzuheuern, auch wenn diese häufig absolut nötig wären, um die Mitarbeiter etwas zu entlasten. Denn jeder zusätzliche Mitarbeiter würde die Kosten des fertigen Produktes ansteigen lassen und das in einer Branche, in der extremer Kostendruck herrscht.

Oberflächlich betrachtet, wäre Crunch time ein Modell, welches offensichtlich der logischste Weg wäre, um die oben aufgelisteten Probleme zu kompensieren.[52] Für einen Manager, der sich nicht explizit mit dieser Thematik befasst hat, mag es logisch klingen, dass der Output eines Mitarbeiters mit zusätzlicher Arbeitszeit steigt. Wenn ein Beschäftigter also beispielsweise einen Output von 16 Einheiten in einer Zeit von acht Stunden hat, würde dieser in zehn Stunden 20 Einheiten produzieren.[53] Doch beschäftigt man sich genauer mit den Konsequenzen von verlängerten Arbeitszeiten, so wird einem bewusst, dass man mit diesen Annahmen falsch liegt.

4.2 Die Konsequenzen von Crunch time

Die Produktivität eines Mitarbeiters pro Stunde hängt maßgeblich von der geleisteten Arbeitszeit ab. Beeinflusst von physischer und mentaler Müdigkeit, die nach einigen geleisteten Arbeitsstunden auftritt und verstärkt wird durch lange Arbeitsphasen an aufeinanderfolgenden Tagen ohne Pause.

Wenn ein bestimmter Punkt erreicht ist, wird durch Mehrarbeit nicht mehr Output erzeugt. Es ist im Gegenteil sogar so, dass sich die Produktivität eines erschöpften Mitarbeiters durch jede zusätzliche Stunde Arbeit dezimieren kann.[54] Das bedeutet, dass aufgrund der immer geringer werden Konzentration das Risiko steigt, dass der Mitarbeiter Fehler macht, die eine Gefährdung für das gesamte Projekt darstellen können und es somit negativ beeinflussen. Die Produktivität eines Individuums sinkt also, je mehr Stunden intensiv gearbeitet wurden. Bezogen auf das Beispiel aus 4.1 heißt das, dass ein Arbeiter, der zu Arbeitsbeginn 1 Output pro

---

[52] vgl. Robinson, Evan, Why Crunch Modes Doesn't Work: Six Lessons, in, http://www.igda.org/?page=crunchsixlessons, 2005, abgerufen am 02.08.2016

[53] vgl. Robinson, Evan, Why Crunch Modes Doesn't Work: Six Lessons, in, http://www.igda.org/?page=crunchsixlessons, 2005, abgerufen am 02.08.2016

[54] vgl. Robinson, Evan, Why Crunch Modes Doesn't Work: Six Lessons, in, http://www.igda.org/?page=crunchsixlessons, 2005, abgerufen am 02.08.2016

Stunde erzeugt hat, zum Ende seiner regulären Arbeitszeit beispielsweise nur noch einen Output von 0,5 vorweisen kann. Verlängert sich die zu arbeitende Zeit nun weiter, wird der Beschäftigte immer langsamer und deutlich unaufmerksamer. Es kann daher sein, dass die Produktivität nicht nur zu einem Stillstand kommt, sondern sogar negativ wird. Denn wenn dieser Level der physischen und mentalen Müdigkeit erreicht ist, steigt das Fehlerrisiko stark an.[55] Solche Fehler können große Kosten verursachen, wenn zum Beispiel eine teure Maschine beschädigt wird, wenn Fehler bei der Programmierung eines Computerspiels entstehen oder wenn sich ein Mitarbeiter durch eigene Unachtsamkeit verletzt. Auch auf die Einhaltung der gesetzten Deadline hat das einen negativen Einfluss, denn jeder Fehler der wieder behoben werden muss, kostet wertvolle Zeit. Es ist also logisch, dass ein ausgeruhter und nicht völlig gestresster Mitarbeiter beispielsweise einen Programmcode schneller schreibt und dabei weniger Fehler macht, als jemand, der schon 10 Stunden geistiger Anstrengung hinter sich hat.

Die erste Stunde des Arbeitstages benötigt man, um in seinen Arbeitsrhythmus zu kommen und um die Arbeit gedanklich zu sortieren, die darauf folgenden vier bis sechs Stunden sind die produktivsten.[56] Später, wenn sich langsam die Erschöpfung zeigt und die Müdigkeit zunimmt, dauern die Arbeitsschritte länger. Dinge, die zu Beginn des Tages noch schnell erledigt waren, wie beispielsweise einen Fehler zu finden und diesen zu beheben, brauchen nun wesentlich länger. Außerdem kann die Übermüdung nach einem 12-Stunden-Arbeitstag noch wesentlich schlimmere Folgen haben, wenn durch die fehlende geistige Konzentration auf dem Heimweg zum Beispiel ein Verkehrsunfall verursacht wird.

Es lässt sich also klar feststellen, dass die Produktivitätsrate während des Tages variiert und mit abnehmender geistiger Aufnahmefähigkeit zu sinken beginnt.

Nach dem Work Less Institute of Technology in Kanada und vielen Studien zufolge sind 5 Arbeitstage in der Woche mit jeweils 8 Stunden die Kombination, die auf lange Sicht am meisten Output erzeugt.[57] „Reduction from a 12-hour to a 10-hour basis results in increased daily output; further reduction to an 8-hour basis results

---

[55] vgl. Robinson, Evan, Why Crunch Modes Doesn´t Work: Six Lessons, in, http://www.igda.org/?page=crunchsixlessons, 2005, abgerufen am 02.08.2016

[56] vgl. Robinson, Evan, Why Crunch Modes Doesn´t Work: Six Lessons, in, http://www.igda.org/?page=crunchsixlessons, 2005, abgerufen am 02.08.2016

[57] vgl. Robinson, Evan, Why Crunch Modes Doesn´t Work: Six Lessons, in, http://www.igda.org/?page=crunchsixlessons, 2005,abgerufen am 02.08.2016

in at least maintaining this increased daily output; but further reductions while increasing the hourly rate of output, seems to decrease the total daily output".[58] Zusätzlich werden die Beschäftigten nicht an den Rand ihrer geistigen und körperlichen Belastungsgrenze gebracht, was sich wiederum positiv auf die Arbeitseinstellung auswirkt.

Über einen langen Zeitraum betrachtet, erzeugt eine 40-Stunden Woche also den größten Output. Zeitnah gesehen zeigt sich jedoch, dass für einen begrenzten Zeitraum von maximal zwei Monaten auch Mehrarbeit effektiv sein kann. Aber das nur, wenn die geleisteten Stunden im Rahmen blieben, also eine 60-Stunden Woche nicht überschritten wird. Kann die Zeit, in der von den Mitarbeitern mehr verlangt wird als üblich, nicht nach spätestens zwei Monaten wieder beendet werden, so steigt das Stresslevel und die Zeit zur nötigen Regeneration fehlt. Als Konsequenz sinkt die Produktivität wieder ab.

„Where a work schedule of 60 or more hours per week is continued longer than about two months, the cumulative effect of decreased productivity will cause a delay in the completion date beyond that which could have been realized with the same crew size on a 40-hour week".[59]

Also kann Crunch time den Output über einen kurzfristigen Zeitraum zwar erhöhen, aber die Arbeitsperiode sollte so kurz wie möglich gehalten werden, denn nur dann ist sie wirklich sinnvoll. Die Mitarbeiter jedoch, wie häufig praktiziert, von einem Crunch in den nächsten zu leiten, führt dazu, dass sie ihre Effektivität verlieren.Sie sind müde und ausgebrannt. Wird dann wieder zu einer 40-Stunden Woche gewechselt, kann der Output deutlich geringer ausfallen, solange bis sich die Beschäftigten vollständig von der Belastung erholt haben.[60]

Ein Negativbeispiel ist der sogenannte EA Spouse aus dem Jahre 2004, die einen „endless Crunch" einführten. Um ein EA Spiel rechtzeitig fertigstellen zu können, mussten die Arbeiter über Monate hinweg sieben Tage die Woche von neun Uhr

---

[58]   Florence, Sargant, Economics of Fatigue and Unrest, Routledga Libary Editions, o.O, 2013, E-Book, 22

[59]   Robinson, Evan, Why Crunch Modes Doesn´t Work: Six Lessons, in,
http://www.igda.org/?page=crunchsixlessons, 2005, abgerufen am 02.08.2016

[60]   vgl. Robinson, Evan, Why Crunch Modes Doesn´t Work: Six Lessons, in,
http://www.igda.org/?page=crunchsixlessons, 2005, abgerufen am 02.08.2016

morgens bis zehn Uhr abends arbeiten. Samstag war der einzige Arbeitstag an dem „schon" um 18:30 Uhr der Feierabend eingeleutet wurde.[61]

Addiert man dies, so kommt man auf eine Gesamtarbeitsleistung pro Woche von 87,5 Stunden. Wenn die Mitarbeiter mehr als das doppelte des üblichen Arbeitspensums zu erledigen haben, so ist damit zu rechnen, dass die Produktivität innerhalb eines kurzen Zeitraumes extrem zu sinken beginnt und die Burn-Out Gefahr deutlich steigt. Die Beschäftigten bis zur völligen psychischen Erschöpfung arbeiten zu lassen, bewirkt letztendlich genau das Gegenteil von dem, was erreicht werden soll.[62] Die Konzentration nimmt mit fortschreitender Stunde immer weiter ab und weil kaum Zeit für Regeneration bleibt, wird der Produktivitätsverlust von Tag zu Tag größer.

Ein weiterer Faktor der in Betracht gezogen werden sollte, ist der Schlaf. Wenn ein Mitarbeiter über mehrere Tage hinweg zu wenig Schlaf bekommt, ausgelöst durch Stress oder zu lange Arbeitszeiten, so hat dies einen erheblichen Einfluss auf seine Effektivität. Je länger man am Stück wach ist, desto mehr nehmen die kognitiven Fähigkeiten ab. Wenn man also eine Nachtschicht hinter sich hat, nimmt die kognitive Leistung im Schnitt um 25 Prozent pro 24 aufeinanderfolgenden Stunden ab, die man wach war. Mehrere Nachtschichten hintereinander haben einen kumulativen Effekt[63].

„ In a study on the effects of sleep deprivation, investigators at the University of Pennsylvania found that subjects who slept four to six hours a night for fourteen consecutive nights showed significant deficits in cognitive performance equivalent to going without sleep for up to three days in a row. Yet these subjects reported feeling only slightly sleepy and were unaware of how impaired they were".[64]Das heißt nach einer sehr intensiven Arbeitsperiode, in der die Betroffenen nur wenig

---

[61] vgl. Williams, Ian G., Crunched: Has the games industry really stopped exploiting its workforce? in: https://www.theguardian.com/technology/2015/feb/18/crunched-games-industry-exploiting-workforce-ea-spouse-software, 18.02.2015, abgerufen am 02.08.2016

[62] vgl. Dope, Bettina, IT-Projekte machen krank, in: http://www.cio.de/a/it-projekte-machen-krank,2977413, 12.12.2015, abgerufen am 10.07.2016

[63] vgl. Belenky, Gregory, Sleep Deprivation, and Human Performance in Continuous Operations, in: http://isme.tamu.edu/JSCOPE97/Belenky97/Belenky97.htm, o.J., abgerufen am 15.07.2016

[64] o.A., National Institute of Nursing Research, Sustained reduced sleep can have serious consequences, in: https://www.ninr.nih.gov/sites/www.ninr.nih.gov/files/reduced-sleep-consequences.pdf, 12.03.2013, abgerufen am 02.08.2016

schlafen konnten, sind bereits nach 14 Tagen nur noch 25 Prozent der kognitiven Fähigkeiten abrufbar. Dies kann neben dem nur noch beschränkt möglichen kreativen Denken zu einem deutlichen Anstieg der Fehlerquote führen. Das Problem sind hier nicht nur die hohen Belastungen, sondern auch die fehlende Regenerationszeit. Den Betroffenen wird nicht die Möglichkeit gegeben, ihre Ressourcen wieder aufzuladen.[65] Je länger die Zeit der Überlastung anhält, umso eher steigt die Wahrscheinlichkeit dafür, dass ein „Error" entsteht, oder die Person einen Burnout erleidet. Fallen mehr Mitarbeiter wegen der völligen psychischen Erschöpfung aus, so muss deren Arbeit von den noch verbleibenden Beschäftigten übernommen werden. Was zu weiteren Zeitproblemen und auch zu einem steigenden Stresslevel führen kann.

Die kognitiven Fähigkeiten, zu denen alle Denkund Wahrnehmungsvorgänge zählen, sind in der IT-Branche, wie auch in jedem an anderen Beruf, von hoher Bedeutung.[66]

Unter anderem gehören das logische Denken, die Fähigkeit Probleme lösen zu können und auch die Kreativität zu diesen Bereichen.[67] Gerade bei der Entwicklung von Computerspielen oder anderer neuer Software ist die Kreativität der Mitarbeiter entscheidend für den Erfolg des Projektes. In dieser schnelllebigen Welt ist es für Spiele-Entwickler wichtig, immer wieder mit neuen Ideen aufzuwarten, um die Konkurrenz hinter sich lassen zu können.[68] Doch der Druck und die Ermüdung die auf den Mitarbeitern lasten, führen dazu, dass sie in ihrem kreativen Denken eingeschränkt werden.

„It robs them years of creative potential".[69]Wenn die Kreativität durch den enormen Stress abnimmt, ist es letztendlich die Qualität des Spieles die darunter leidet. Den

---

65   vgl. Dope, Bettina, IT-Projekte machen krank, in: http://www.cio.de/a/it-projekte-machen-krank,2977413, 12.12.2015, abgerufen am 10.07.2016

66   vgl. o.A., Kognitive Fähigkeiten, in: http://www.neuronation.de/kognitives-training/kognitive-faehigkeiten, o.J, abgerufen am 02.08.2016

67   vgl. o.A., Kognitive Fähigkeiten, in: http://www.neuronation.de/kognitives-training/kognitive-faehigkeiten, o.J, abgerufen am 02.08.2016

68   vgl. Kurzlechner, Werner, Die Mängelliste der IT-Systemhäuser, in: http://www.cio.de/a/die-maengelliste-der-it-systemhaeuser,2303486,2, 02.03.2012, abgerufen am 27.09.2016

69   Groen, Andrew, The death march: the problem of crunch time in game development, in: http://arstechnica.com/gaming/2011/05/the-death-march-the-problem-of-crunch-time-in-game-development/, 27.05.2011, abgerufen am 10.07.2016

Entwicklern wird durch die permanente Überanstrengung die Möglichkeit genommen, sich während der Programmierung des Spiels gedanklich frei zu entfalten. Doch genau das ist es, was ihre Passion für den Job ausmacht.[70]

Auch die Annahme vieler Crunch time Befürworter, dass es für die Mitarbeiter aufgrund ihrer bekannten Passion für die Projekte nicht so schlimm sei, Überstunden zu machen, ist zwar korrekt, jedoch bezieht sich dies nur auf ein geringe Anzahl zusätzlicher Stunden. Außerdem arbeiten nicht alle Spiele-Entwickler an einem Programm, dem sie sich mit Hingabe widmen können.

Wenn die Mitarbeiter sich nicht mit dem Projekt, an dem sie arbeiten, identifizieren können und durch die ständige Überlastung die Leidenschaft für ihre Arbeit zerstört wird, führt das dazu, dass viele nach nur kurzer Zeit ihren Job in der Gaming Industrie niederlegen.[71] Einen derartigen Job bis zur Rente auszuüben, ist für die meisten Mitarbeiter unvorstellbar.[72] Passionierte Spiele-Entwickler brennen für ihren Job und können sich mit Begeisterung einem Projekt widmen, jedoch sollte es nicht so sein, dass sie dafür ihr gesamtes Privatleben vernachlässigen müssen.[73] Mehrarbeit hat dadurch auch einen erheblichen Einfluss auf das familiäre Zusammenleben. Die familiäre Identität gilt als soziale Einheit, welche sich durch gemeinsam verbrachte Sozialzeit herausbildet. Dazu gehören gemeinsame Mahlzeiten oder auch die Freizeit am Wochenende, welche als Zeit für Freunde und Hobbys genutzt werden kann. Sie hat einen großen Einfluss auf das individuelle Wohlbefinden und auf die Entwicklung aufwachsender Kinder.[74] Doch durch Crunch time werden die Möglichkeiten zur gesellschaftlichen Teilhabe und zum Erhalt oder Aufbau von sozialen Kontakten erheblich eingeschränkt. „So führt regelmäßige Sams-

---

[70] vgl. Groen, Andrew, The death march: the problem of crunch time in game development, in: http://arstechnica.com/gaming/2011/05/the-death-march-the-problem-of-crunch-time-in-game-development/, 27.05.2011, abgerufen am 10.07.2016

[71] vgl. Schreier, Jason, The Horrible World Of Video Game Crunch, in: http://kotaku.com/crunch-time-why-game-developers-work- such-insane-hours-1704744577, o.J., abgerufen am 10.07.2016

[72] vgl. Holzapfel, Nicola, Ständig erreichbar, immer kaputt, in: http://www.sueddeutsche.de/karriere/stressige-it-branche-staendig-erreichbar-immer-kaputt-1.132082, 17.05.2010, abgerufen am 10.07.2016

[73] vgl. Takashi, Dean, Why 'crunch time' is still a problem in the video game industry, in: http://venturebeat.com/2016/03/20/why- crunch-time-is-still-a-problem-in-the-video-game-industry/, 20.03.2016, abgerufen am 10.07.2016

[74] vgl. Hielscher, Volker, Entgrenzung von Arbeit und Leben?, Berlin 2000, E-Book, 3.1

tagsarbeit zu einem Verlust an Sozialzeit insbesondere für außerhäusliche Kontakte, welche durch zusätzliche Freizeit innerhalb der Woche nicht kompensiert werden kann".[75] Auch die Stunden zwischen 18 und 22 Uhr unter der Woche gelten als „social hours" des Tages und sind für die Bildung einer familiären Identität wichtig. Die Betroffenen sehen eine deutlich negative Wirkung von übermäßiger Mehrarbeit auf „die Pflege freundschaftlicher Kontakte, für Veranstaltungsbesuche und Weiterbildungsmöglichkeiten – also vor allem auf die außerhäuslichen Aktivitäten und Sozialkontakte. Nicht selten folgt daraus ein Rückzug in den engsten Familienkreis".[76] Der Partner ist dann häufig gezwungen sich an den Rhythmus der Arbeit des anderen anzupassen, dies gilt vor allem in Bezug auf den eigenen Job, aber betrifft ebenfalls die Planung der Freizeitaktivitäten. Und entscheidet auch darüber ob eine Erwerbstätigkeit des Partners überhaupt möglich ist. Die Schwierigkeit der zeitlichen Koordination führt meist dazu, dass die Arbeitszeit die Auswahl der sozialen Kontakte beeinflusst. Das heißt, es wird mehr Zeit mit Personen verbracht, die denselben Arbeitsrhythmus haben und umso weniger mit denen, die zeitlich anders strukturiert sind. Ist es für den Ehepartner also nicht möglich sich an die Arbeitszeitlage des anderen anzupassen, kann die Beziehung sehr darunter leiden und nicht selten kommt es dann zu einer Trennung[77]. Das Problem der Aufrechterhaltung der außerhäuslichen Kontakte, führt zusätzlich häufig noch zu eine Vereinsamung und Isolierung der Crunch time-Arbeiter.[78]

Eines der größten Risiken für die Produktivität, welches durch Übermüdung hervorgerufen wird, ist die Anzahl der entstehenden Fehler oder Errors. Die meisten der Fehler können möglicherweise schnell beseitigt werden, doch je größer sie sind, desto zeitintensiver ist es sie wieder zu beheben und umso eher gefährden sie das gesamte Projekt. „Studies have shown that being awake for 21 hours impairs drivers as much as having a blood-alcohol concentration of 0.08, which is the legal

---

[75] Hielscher, Volker, Entgrenzung von Arbeit und Leben?, Berlin 2000, E-Book, 3.1

[76] Hielscher, Volker, Entgrenzung von Arbeit und Leben?, Berlin 2000, E-Book, 3.1

[77] Rivera, Joshua, Inside The Video Game Industry's Culture Of Crunch Time, in: https://www.fastcompany.com/3026161/inside-the-video-game-industrys-culture-of-crunch-time?show_rev_content, 02.06.2014, abgerufen am 10.07.2016

[78] vgl. Hielscher, Volker, Entgrenzung von Arbeit und Leben?, Berlin 2000, E-Book, 3.1

limit for noncommercial drivers in the U.S.".[79] Jeder Arbeitgeber würde seinen Mitarbeiter entlassen, wenn dieser ständig angetrunken auf der Arbeit auftauchen würde. Vor allem, wenn man bedenkt, welche hohe Verantwortung über Millionen-Dollar-Projekte in den Händen von Personen liegt, die aufgrund ihres Schlafmangels am Rande der legalen Betrunkenheit arbeiten.

Programmierer müssen ständig hohe Leistungen von ihrem Gehirn abverlangen. Lange Arbeitstage in Folge und vor allem wenig Schlaf hemmen die Möglichkeit, die volle Gehirnkapazität nutzen zu können.[80] Ausreichend Schlaf hat also einen großen Einfluss auf die Produktivität des Mitarbeiters und kann die Fehlerquote deutlich reduzieren. Zusätzlich ist es bewiesen, dass die Anzahl der auftretenden Fehler deutlich sinkt, wenn den Beschäftigten die Möglichkeit gegeben wird, zwischendurch Pausen machen zu können.[81]

Zusammenfassend bedeutet das:

Auf die lange Sicht betrachtet, kann die Produktivität nur während einer 40-Stunden Woche mit fünf regulären Arbeitstagen aufrechterhalten werden. Wenn über Monate hinweg länger gearbeitet wird, beginnt die die Arbeitsleistung aufgrund der psychischen und mentalen Erschöpfung zu sinken. Ab einer Arbeitsphase die länger als zwei Monate am Stück andauert, kann die Produktivität sogar nach und nach ins Negative sinken, aufgrund der steigenden Fehlerquote der Beschäftigten. Die Stunden, die zusätzlich gearbeitet werden, erzeugen somit nicht mehr Output. „At 60 hours per week, the loss of productivity caused by working longer hours overwhelms the extra hours worked within a couple of months".[82] In extremen Fällen, in denen die Betroffenen deutlich zu wenig Schlaf bekommen, also nur vier bis sechs Stunden pro Nacht, kann der Abfall der Produktivität sogar plötzlich erfolgen. Mehrere hundert Jahre der Forschung haben gezeigt, dass erschöpfte und ge-

---

[79] Kaplan, Karen, Sleepy Medical Interns Called a Road Hazard, in: http://web.archive.org/web/20081014104835/http://www.latimes.com/news/nationworld/nation/la-sci- sleepy13jan13,1,6909194.story, 13.01.2015, abgerufen am 02.08.2016

[80] vgl. Robinson, Evan, Why Crunch Modes Doesn´t Work: Six Lessons, in, http://www.igda.org/?page=crunchsixlessons, 2005, abgerufen am 02.08.2016

[81] vgl. Robinson, Evan, Why Crunch Modes Doesn´t Work: Six Lessons, in, http://www.igda.org/?page=crunchsixlessons, 2005, abgerufen am 02.08.2016

[82] Robinson, Evan, Why Crunch Modes Doesn´t Work: Six Lessons, in, http://www.igda.org/?page=crunchsixlessons, 2005, abgerufen am 02.08.2016

stresste Mitarbeiter Zeitpläne meist nicht einhalten können, höhere Kosten verursachen durch zerstörtes Equipment oder erzeugte Errors, die Produktqualität verschlechtern und letztendlich die gesetzte Deadline nicht einhalten können.[83] Sie stellen eine Gefährdung für das gesamte Projekt und auch für das Unternehmen dar.

Betrachtet man also die Konsequenzen von Crunch time als Langzeitstrategie, so lässt sich feststellen, dass sie sehr viel negatives nach sich zieht.

Das Produkt wird nicht früher fertiggestellt, sondern im Gegenteil meist später. Die Qualität sinkt aufgrund des Rückgangs der kognitiven Fähigkeiten des Entwicklers. Die Zahl der Fehler steigt und damit auch die Kosten des Projekts.[84] „ In other words, all that crunch time might be making games worse".[85]Dennoch wird diese Strategie bis heute angewendet, damit die Manager in der Lage sind, ihren Vorgesetzten sagen zu können, sie hätten alles versucht.[86] Als eine weitere Konsequenz ist absehbar, dass man nur dann noch gute Jobchancen hat, wenn man sich seinem Arbeitgeber in solchem Maße Verfügung stellt, dass die totale Entgrenzung daraus resultiert.[87]

Ein aktuelles Beispiel aus der Spielentwicklungsbranche zeigt, dass Crunch time nicht der richtige Weg ist, um ein Projekt erfolgreich zu managen. In das Weltraum-Erkundungsspiel „No Man´s Sky", welches seit dem 12. August 2016 für den PC verfügbar ist[88], wurden im Vorfeld sehr hohe Erwartungen gesetzt. Es zeigt zufällig

---

[83] vgl. Robinson, Evan, Why Crunch Modes Doesn´t Work: Six Lessons, in, http://www.igda.org/?page=crunchsixlessons, 2005, abgerufen am 02.08.2016

[84] vgl. Robinson, Evan, Why Crunch Modes Doesn´t Work: Six Lessons, in, http://www.igda.org/?page=crunchsixlessons, 2005, abgerufen am 02.08.2016

[85] Schreier, Jason, The Horrible World Of Video Game Crunch, in: http://kotaku.com/crunch-time-why-game-developers-work-such-insane-hours-1704744577, o.J., abgerufen am 10.07.2016

[86] vgl. Robinson, Evan, Why Crunch Modes Doesn´t Work: Six Lessons, in, http://www.igda.org/?page=crunchsixlessons, 2005, abgerufen am 02.08.2016

[87] vgl. Jürgens, Kerstin/ Voß, G. Günter, APuZ, Entgrenzung von Arbeit und Leben (34/2007), in: http://www.bpb.de/shop/zeitschriften/apuz/30283/entgrenzung-von-arbeit-und-leben, 20.08.2007, abgerufen am 05.07.2016

[88] vgl. Ritter, Tobias, No Man's Sky - Vorwurf der Spieler: diese angekündigten Features sollen fehlen, in: http://www.gamestar.de/spiele/no-mans-sky/news/no_mans_sky,50366,3301326.html, 17.08.2016, abgerufen am 01.09.2016

generierte Universen, die von den Spielern auf verschiedenste Art und Weise erkundet werden können.[89] Vom Hersteller Hello Games wurden zu Beginn der Entwicklung neuartige Features und Inhalte versprochen, von denen aber viele im fertigen Spiel nicht aufzufinden sind. Laut den Spielern fehlen Besonderheiten wie beispielsweise Sandplaneten, Flüsse, Weltraumschlachten, Interaktionen mit anderen Spielern und einige weitere Features.[90] Um mehr Entwickler einstellen zu können, hätte Hello Games von Sony Geld bekommen, doch sie entschieden sich dagegen. Was dazu führte dass eine Crunch time Periode nicht zu verhindern war.

Selbst der Star-Designer und Studiochef Sean Murray war bei einem Gespräch mit einem PC-Magazin sichtlich gezeichnet von der Überlastung. „ Er entschuldigt sich pro forma dafür, sich möglicherweise im Interview zu wiederholen, nur vier Stunden Schlaf in drei Tagen lassen sich auch mit Espresso und unbändiger Leidenschaft für das eigene Spiel nicht so einfach abstreifen".[91]

Obwohl alle Mitarbeiter unzählige Überstunden in das Spiel investiert haben, wurden die hohen Erwartungen der Spieler nicht erfüllt. Trotz der Crunch time Periode konnten viele Features nicht implementiert werden, die möglicherweise bei einem besseren Projektmanagement hätten umgesetzt werden können.

4.3 Professionelles Personalmanagement als Alternative zu Crunchtime

Ziel ist es nun herauszufinden ob durch Maßnahmen des professionellen Personalmanagements Crunch time und damit auch die totale Entgrenzung der Arbeit umgangen werden können. wie im oben erwähnten Bericht bereits angedeutet, ist die Ursache und zugleich auch Lösungsansatz für das Problem der Crunch Time das Zeitmanagement. Würden kritische Phasen in der Arbeit zeitlich gestreckt, könnte Crunch Time vermieden werden. Dies klingt natürlich einfacher, als es ist, wie ein Blick in die folgende Grafik zeigt:

---

[89] vgl. Bauer, Manuel, No Man's Sky: Finaler Test, Tipps & Tricks zum Weltraumepos, in: http://www.computerbild.de/artikel/cbs-News-PC-No-Man-s-Sky-Release-Termin-15187617.html, 15.08.2016, abgerufen am 01.09.2016

[90] vgl. Ritter, Tobias, No Man's Sky - Vorwurf der Spieler: diese angekündigten Features sollen fehlen, in: http://www.gamestar.de/spiele/no-mans-sky/news/no_mans_sky,50366,3301326.html, 17.08.2016, abgerufen am 01.09.2016

[91] o.A., No Man´s Sky im ersten Test: Wer es lieben wird – und wer sich schwer tun wird, in: http://www.pcgameshardware.de/No-Mans-Sky-Spiel-16108/Specials/Wer-es-lieben-und-wer-sich-schwer-tun-wird-1204001/, 12. 08.2016, abgerufen am 01.09.2016

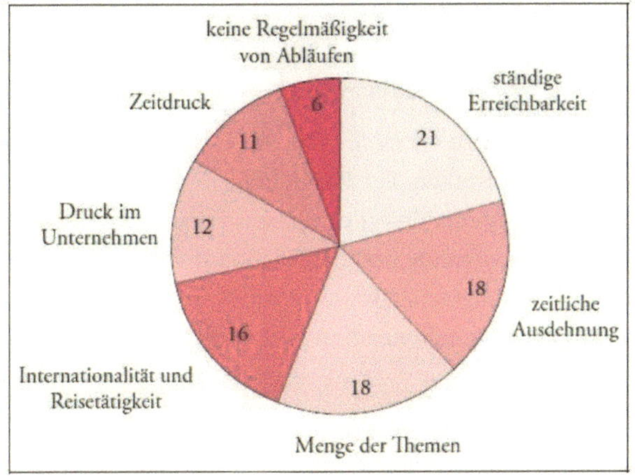

Quelle: Ruth Stock-Homburg/Eva-Maria Bauer, Die Work-Life-Balance erfolgreich managen – Eine Herausforderung für das Topmanagement, in: Arbeitspapiere zur Marktorientierten Unternehmensführung, 2 (2007).

Abbildung 2: Die Work-Life-Balance erfolgreich managen

Hier wird auf die Hauptstressfaktoren am Arbeitsplatz von Topmanagern eingegangen. Diese lassen sich aber auch übertragen auf den Arbeitsplatz von Arbeitnehmern, die in Projekten arbeiten und sich ihren Tagesablauf und die Dauer ihrer Arbeit selbstständig einteilen können – somit auf nahezu alle Mitarbeiter aus der Gaming Industrie. Die Ergebnisse der Studie zeigen, dass nahezu alle Hauptstressfaktoren mit Zeitknappheit verbunden sind. Der mit einem Anteil von 21% größte Hauptstressfaktor ist die ständige Erreichbarkeit. Es ist erwiesen, dass es zeitintensiver und auch mental anstrengender ist, mehrere Tätigkeiten teilweise zu verfolgen, statt diese nacheinander abschließen zu können. Die Konzentration auf eine Sache bricht dabei immer wieder ab. Das berühmte „Multi-tasking" gibt es allerdings neuen Studien nach nicht. Es handelt sich vielmehr um „Switch-tasking", bei dem die Person ihre Aufmerksamkeit und Konzentration schnell von einer zur anderen Sache übertragen kann, jedoch nicht zeitgleich auf mehrere Dinge konzentriert ist.[92] Dies ist im Manager-Alltag nicht zu vermeiden, verhindert aber trotzdem, dass die Person am Maximum ihrer Kapazität arbeitet. Die Konsequenz

---

[92] vgl. McPeak, David, Multitasking vs. Switch-Tasking: What's the Difference? In: http://incident-prevention.com/ip-articles/multitasking-vs-switch-tasking-what-s-the-difference, 08.2013, abgerufen am 22.09.2016

ist, dass die Arbeit länger dauert, was wiederum zu Zeitdruck und Stress führt. Dieser ständigen Ablenkung sind durch die Rund-um-die-Uhr-Erreichbarkeit nicht nur Top-Manager, sondern mittlerweile der Hauptteil der Arbeitnehmer ausgesetzt.

Durch den technischen Fortschritt ist es für den Arbeitgeber jederzeit möglich, Kontakt zum Mitarbeiter herzustellen. Per Handy oder E-mail kann man die Beschädigten unabhängig vom Aufenthaltsort erreichen.[93] Somit werden Arbeitnehmer, die zum Beispiel ein Firmenhandy besitzen, nicht nur während ihrer Arbeitszeit öfter aus ihren Tätigkeiten abgelenkt, sondern auch während ihrer Freizeit. Beschäftigte geben an, „dass Unterbrechungen privater Aktivitäten aufgrund beruflicher Anfragen von der Familie als störend und belastend empfunden werden".[94]

Nun könnte man meinen, dass man das Handy in der Freizeit doch einfach abschalten könnte. Es ist aber bekannt, dass die Sorge, einen wichtigen Anruf oder eine dringende Email zu verpassen, so groß ist, dass die meisten Arbeitnehmer ihre Firmenhandys auch in der Freizeit ständig dabei und angeschaltet haben. Die meisten schaffen es nicht, den Einsatz ihrer elektronischen Geräte in der Freizeit zu dosieren, was dazu führt, dass das „mentale Abschalten" nicht mehr gelingt. Der durch den Job verursache Stress kann in der freien Zeit nicht mehr abgebaut werden, er kann durch arbeitsbedingte Störungen während der Erholungszeit sogar weiter ansteigen.[95] Unterbewusst manifestiert sich die ständige Erreichbarkeit als Stressfaktor. „ Es gibt heutzutage keine Wochenenden und auch keine Urlaube mehr. Man ist eigentlich überall und jederzeit für die Firma verfügbar".[96] Diese ständige Verfügbarkeit führt dazu, dass die meisten Betroffenen nur noch in der Erwartungshaltung leben, ständig auf Abruf einsatzbereit zu sein. Wie zu Beginn der Arbeit beschrieben, schafft es der Großteil der Personen dann nicht mehr, einen Grenze

---

[93] vgl. Jürgens, Kerstin/ Voß, G. Günter, APuZ, Entgrenzung von Arbeit und Leben (34/2007), in: http://www.bpb.de/shop/zeitschriften/apuz/30283/entgrenzung-von-arbeit-und-leben, 20.08.2007, abgerufen am 05.07.2016

[94] Jürgens, Kerstin/ Voß, G. Günter, APuZ, Entgrenzung von Arbeit und Leben (34/2007), in: http://www.bpb.de/shop/zeitschriften/apuz/30283/entgrenzung-von-arbeit-und-leben, 20.08.2007, abgerufen am 05.07.2016

[95] vgl. Jürgens, Kerstin/ Voß, G. Günter, APuZ, Entgrenzung von Arbeit und Leben (34/2007), in: http://www.bpb.de/shop/zeitschriften/apuz/30283/entgrenzung-von-arbeit-und-leben, 20.08.2007, abgerufen am 05.07.2016

[96] Jürgens, Kerstin/ Voß, G. Günter, APuZ, Entgrenzung von Arbeit und Leben (34/2007), in: http://www.bpb.de/shop/zeitschriften/apuz/30283/entgrenzung-von-arbeit-und-leben, 20.08.2007, abgerufen am 05.07.2016

zwischen Privatem und dem Erwerbsleben zu ziehen. Der Stress aus der Arbeitswelt wird mit in das Privatleben gebracht, beide Bereiche gehen nahtlos ineinander über. Gerade in schnelllebigen Branchen wie der IT Branche gibt es Notfälle, auf die es schnell zu reagieren gilt. Somit ist selbst ein Zeitfenster von einigen Stunden zu lang, weswegen es nicht ausreichend ist, zu warten, bis der Arbeitnehmer etwa am nächsten Tag zur Arbeit erscheint. Dieses Problem ist also nur schwer lösbar. Wie bereits erwähnt, ist der Masse der Arbeit und den vielen verschiedenen „Baustellen" oft nur mit einer zeitlichen Ausdehnung der Arbeit beizukommen, was mit 18% den zweitgrößten Stressfaktor bildet. Zwangsläufig bedeutet das, dass die Freizeit und das Privatleben damit komprimiert werden. Um auf das Privatleben und entsprechende Aktivitäten wie Sport oder Zeit mit dem Partner oder der Familie nicht komplett zu verzichten, wird häufig die Schlafzeit reduziert. Hier gerät der Körper schnell in eine Abwärtsspirale, denn mit Schlafmangel sind Arbeitnehmer nachweislich weniger produktiv, was zum Aufschub vonTätigkeiten führt. Das wiederum bedeutet eine erneute zeitliche Ausdehnung der Arbeit und so fort. Angelehnt daran und prozentual den gleichen Anteil hat mit 18% der Punkt „Menge der Themen". Wie bereits dargestellt, zieht die steigende Menge unterschiedlicher Tätigkeiten nach sich, dass Arbeitnehmer Aufgaben oft nicht ganz zu Ende bringen können, bevor sie andere anfangen müssen. Die Konzentration wird häufig unterbrochen und zeigt sich in mentaler und körperlicher Erschöpfung und verminderter Produktivität. Beide Konzepte sind im engen Zeitplan der Firmen begründet – zu wenig Zeit für den Abschluss einer Aufgabe bzw. für den Abschluss von unterschiedlichen Tätigkeiten hintereinander und damit verbundene Ausdehnung der Arbeitszeit, weil die Menge der Aufgaben in der üblichen täglichen Arbeitszeit von acht oder neun Stunden nicht zu bewältigen ist. Durch die steigende Arbeitsmenge sind Überstunden in vielen Bereichen normal geworden, werden aber größtenteils nicht extra erfasst und daher auch nicht vergütet. Die Konsequenz daraus ist eine sinkende Arbeitsmotivation aufgrund fehlender Anreize. Zusätzlich müssen die Aufgaben, die während einem normalen Arbeitstag nicht geschafft werden, in Randzeiten gezogen werden, was eine große Arbeitsbelastung mit sich bringt.[97] Die

---

[97] vgl. Jürgens, Kerstin/ Voß, G. Günter, APuZ, Entgrenzung von Arbeit und Leben (34/2007), in: http://www.bpb.de/shop/zeitschriften/apuz/30283/entgrenzung-von-arbeit-und-leben, 20.08.2007, abgerufen am 05.07.2016

sinkende Arbeitsmotivation zieht häufig eine Rücknahme des eigenen Engagements für das Unternehmen nach sich. Das kann nach und nach zu einer „innerlichen Kündigung" führen.[98]

Ebenfalls damit verbunden, ist der mit sechzehn Prozentpunkten drittgrößte Stressfaktor die Internationalität und Reisetätigkeit, die den Biorhythmus des menschlichen Organismus etwa durch Zeitverschiebung durcheinander bringen. Der Begriff des „Red-eye" bezeichnet Nachtflüge oder Flüge, die eine Nachtruhe unterbrechen oder gar ganz unmöglich machen und ist angelehnt an die durch Übermüdung begründeten roten Augen der Passagiere[99] – eine vielsagende Metapher. Auch hier sind Schlafmangel und fehlender Schlafrhythmus ein großes Thema, was durch die Einschränkung der Produktivität der Arbeitnehmer ein Punkt für das kritische Hinterfragen von Crunch Time bei Firmen sein sollte. Hier ist jedoch nur zu spekulieren, ob dies durch Zeitmanagement verbessert werden könnte, da Faktoren wie Flugzeiten oder Zeitverschiebung durch Termine im Ausland nicht von der Firmenseite festgelegt werden. Wohl aber können Termine wie etwa Telefonkonferenzen firmenseitig festgelegt werden und sollten bei internationalen Konferenzen zu Kernarbeitszeiten aller teilnehmenden Parteien erfolgen. Das ist nämlich praktisch bisweilen nicht der Fall – große Unternehmensberatungen etwa richten sich zeitlich derart nach ihren Kunden, dass Telefonate auch gerne während der eigentlichen Nachtruhe geführt werden müssen. Es wird deutlich, dass die Stressfaktoren durch den Faktor Zeit eng verstrickt sind, da auch hier wieder die Verbindung zum Punkt „ständige Erreichbarkeit" gezogen werden kann.

So auch der mit elf Prozentpunkten überraschend geringe Faktor „Zeitdruck". In der Annahme, dass Crunch Time und Entgrenzung von Arbeit die Konsequenz von Zeitmanagement sind, wäre Zeitdruck als Faktor größeren Gewichts zu erwarten gewesen. Dies ist so zu erklären, dass Zeitdruck in den bereits genannten prozentual größeren Faktoren implizit verankert war. Zeitdruck ist immer auch ein Teilgrund für etwa die zeitliche Ausdehnung der Arbeit oder der Menge der Themen.

Trotzdem hat das Konzept Zeitdruck natürlich einen eigenen Stellenwert als Stressfaktor am Arbeitsplatz und ist damit noch einmal separat erwähnt. Dass

---

[98] vgl. Jürgens, Kerstin/ Voß, G. Günter, APuZ, Entgrenzung von Arbeit und Leben (34/2007), in: http://www.bpb.de/shop/zeitschriften/apuz/30283/entgrenzung-von-arbeit-und-leben, 20.08.2007, abgerufen am 05.07.2016

[99] vgl. o.V., Linguee-Wörterbuch, http://www.linguee.de/englisch-deutsch/ueberset-zung/red+eye+flight.html, o.J., abgerufen am 01.09.2016

durch Zeitdruck der Stress am Arbeitsplatz erhöht wird, bedarf also keiner weiteren Erläuterung. Mit nur einem Prozentpunkt mehr fällt der Punkt „Druck im Unternehmen" mit 12%-Anteil ins Gewicht. Dieser schließt Zeitdruck zwar mit ein, geht darüber hinaus aber auch auf Druck anderer Form ein. Hier kommen Emotion und Gefühle ins Spiel, so geht es etwa um emotionalen Druck, zum Beispiel in Form von Zugehörigkeit zu einer Personengruppe innerhalb eines Unternehmens und der Dynamiken innerhalb der Kontaktpersonen während der Arbeit. Vor allem der Vorgesetzte kann Druck ausüben, wie Kritik an der Arbeitsleistung und Erwartungen an das Arbeitsergebnis. Aber auch Konkurrenzkampf unter Kollegen erhöhen den Druck. Gerade in großen Firmen wird das „up or out"-Prinzip angewendet, bei dem eine konstant gute Leistung einfach nicht ausreichend ist, sondern Arbeitnehmer sich ständig selbst und untereinander übertreffen müssen, um im Unternehmen aufzusteigen, da ein Verbleib in der aktuellen Position nicht vorgesehen ist. Wer sich nicht verbessert oder zumindest besser als die anderen ist, muss das Unternehmen verlassen.[100] Durch stetige Rationalisierungsmaßnahmen wird den Mitarbeitern die Sicherheit auf ihrem Arbeitsplatz genommen. Wer nicht konstant zum Geschäftserfolg beitragen kann, läuft Gefahr ersetzt zu werden.[101] In der IT-Branche hat sich eine „culture of fear" etabliert, jeder Beschäftigte fühlt sich komplett austauschbar.[102] Arbeitsplätze sind von vornherein nicht mehr auf das Halten des Arbeitnehmers ausgelegt und der Druck im Kreis der Kollegen führt dazu, dass teilweise mit unfairen Mitteln wie Mobbing oder Schlechtreden einer Leistung der Kollegen gearbeitet wird. Auch aus diesem Grund können es manche Firmen „verschmerzen", ihre Arbeitnehmer großem Druck auszusetzen, da damit gerechnet wird, dass diese über kurz oder lang das Unternehmen verlassen und durch motivierte Nachfolger ersetzt werden. Dies ist natürlich nicht in allen Unternehmen der Fall und oft steigert ein Arbeitnehmer mit langem Verbleib innerhalb eines Unternehmens erst seine Qualität, jedoch haben Unternehmen teilweise einfach nicht die

---

[100] vgl. Töpper, Verena, Aufwärts immer, abwärts nimmer, in: http://www.spiegel.de/karriere/unternehmensberater-das-karriere-prinzip-up-or-out-a-1020499.html, 17.03.2015, abgerufen am 22.08.2016

[101] vgl. Jürgens, Kerstin/ Voß, G. Günter, APuZ, Entgrenzung von Arbeit und Leben (34/2007), in: http://www.bpb.de/shop/zeitschriften/apuz/30283/entgrenzung-von-arbeit-und-leben, 20.08.2007, abgerufen am 05.07.2016

[102] Groen, Andrew, The death march: the problem of crunch time in game development, in: http://arstechnica.com/gaming/2011/05/the-death-march-the-problem-of-crunch-time-in-game-development/, 27.05.2011, abgerufen am 10.07.2016

Zeit, um ihre Arbeitnehmer entsprechend zu fördern und erwarten daher von Anfang an und durchgehend Höchstleistungen, wodurch der Druck am Arbeitsplatz ein durchaus bekanntes Mittel ist. Die immer anspruchsvolleren Aufgabe und Projekte fordern wiederum auch zeitlich ihren Tribut, sodass ein Aufsteigen auf der Karriereleiter oft und fast selbstverständlich mit höherem Zeitaufwand verbunden ist. Doch der Druck und die ständige Überlastung kann, wie bei 4.2 bereits beschrieben, „durch eine Beeinträchtigung der psychischen und körperlichen Gesundheit sowie der mentalen Leistungsfähigkeit zu einer reduzierten Arbeitsleistung (...) und damit zu einem reduzierten Unternehmenserfolg führen".[103]

So greift auch der mit sechs Prozentpunkten schwächste Punkt der fehlenden Regelmäßigkeit von Arbeitsabläufen wieder das durch Zeitmangel und teilweise Reisetätigkeit begründete „Switch-tasking" auf, das verhindert, dass Arbeitnehmer Aufgaben der Reihe nach zu Ende bringen können und ihre Konzentration und mentale Kapazitäten optimal nutzen. Insgesamt lässt sich also sagen, dass nicht alle Stressfaktoren im Zeitmanagement begründet liegen und sich auch nicht alle Faktoren damit lösen lassen. Trotzdem ist die Zeit ein Faktor, der in allen Stressfaktoren vorkommt und sie beeinflusst und verstärken oder schwächen kann. Damit ist Zeitmanagement ein Ansatzpunkt für die Verbesserung von Arbeitsbedingungen und Verminderung von Crunch Time und Entgrenzung von Arbeit.

---

[103] Jürgens, Kerstin/ Voß, G. Günter, APuZ, Entgrenzung von Arbeit und Leben (34/2007), in: http://www.bpb.de/shop/zeitschriften/apuz/30283/entgrenzung-von-arbeit-und-leben, 20.08.2007, abgerufen am 05.07.2016

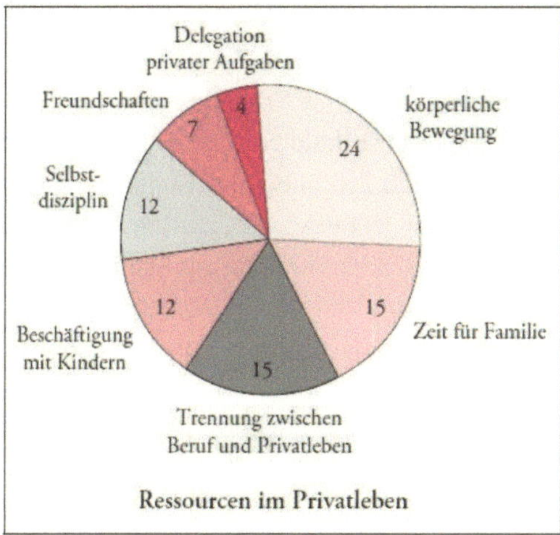

Abbildung 3; Ressourcen im Privatleben
Quelle: R. Stock-Homburg/E.-M. Bauer (wie Abb. 1)

Entsprechend der oben genannten Stressfaktoren zeigt die folgende Grafik Gegenmaßnahmen, um Stress abzubauen oder vorzubeugen. Die Ressourcen für Stressabbau werden dabei aus dem Privatleben geschöpft.

Zu erkennen ist, dass die Zeit für die Familie sowie die Trennung zwischen Beruf und Privatleben zu den wichtigsten Ressourcen zählen, also dem Punkt der Entgrenzung direkt entgegen wirken. Durch die sehr langen Arbeitszeiten, kommt das Familienleben häufig zu kurz und steht damit in direktem Konflikt zu Arbeit. Dies führt zu Zeitdruck und kann auch seitens der Familie oder des Partners wiederum zu Druck im Sinne von Vorwürfen der Vernachläsigung oder Ähnlichem führen. Über 50 Prozent der Frauen und mehr als 75 Prozent der Männer würden lieber weniger Zeit auf der Arbeit verbringen, als sie es tatsächlich tun.[104] Die fortschreitende Arbeitsverdichtung führt dazu, „dass Familie heute zunehmend in den Zeitlücken der Erwerbsarbeit gelebt werden muss".[105] Dabei sollte doch gerade die Zeit, die mit der Familie verbracht wird, zur Erholung dienen und dazu genutzt werden neue Energie zu tanken. Wie jedoch bereits festgestellt ist das durch die

---

[104] vgl. Jürgens, Kerstin/ Voß, G. Günter, APuZ, Entgrenzung von Arbeit und Leben (34/2007), in: http://www.bpb.de/shop/zeitschriften/apuz/30283/entgrenzung-von-arbeit-und-leben, 20.08.2007, abgerufen am 05.07.2016

[105] Jürgens, Kerstin/ Voß, G. Günter, APuZ, Entgrenzung von Arbeit und Leben (34/2007), in: http://www.bpb.de/shop/zeitschriften/apuz/30283/entgrenzung-von-arbeit-und-leben, 20.08.2007, abgerufen am 05.07.2016

ständige Erreichbarkeit und die anderen Faktoren, die zur Entgrenzung beitragen, in der Game Branche kaum noch zu gewährleisten. Die Grundfrage lautet also: wie lässt sich die Entgrenzung einschränken und eine Trennung zwischen Beruf und Privatleben erreichen? Im Privatleben ist eine Hauptressource etwa die Zeit für die Familie. Hierbei ist entscheidend, dass die Zeit allein der Familie gewidmet und nicht von Arbeit unterbrochen wird. Auch ist die körperliche Bewegung ein Mittel zur Stressbewältigung, das auch von medizinischer Seite aus häufig als guter Ausgleich und Ventil genutzt werden kann und sollte, da es Ablenkung gewährt und gleichzeitig den Körper für Stressphasen fit macht und stärkt. Auch die Delegation privater Aufgaben ist eine Möglichkeit, Zeit zu sparen, die wiederum besser genutzt werden kann. Einfache Aufgaben, etwa die Pflege des Haushalts, aber auch andere zeitintensivere Aufgaben, die eine Frist aufweisen, wie etwa Einkommenssteuererklärungen, können leicht an andere Personen übertragen werden. Immer mehr Start-ups und kleine Firmen sind in den letzten Jahren entstanden, die sich dem Service der Vielbeschäftigten widmen und noch so kleine Aufgaben wie den Gang zur Reinigung und das spazieren führen des Hundes erledigen. An der Menge der Erfindungen, die den Alltag einfacher und schneller gestalten sollen, sieht man, unter welchem Zeitdruck die Menschen stehen. Auch Badewannen lassen sich von unterwegs per Knopfdruck füllen oder Fenster schließen, was alles nur ein weiteres Zeichen dafür ist, wie viel Firmen daran setzen, dass der Alltag und die Aufgaben des Privatlebens möglichst vom Arbeitsplatz aus gesteuert werden können und keine Anwesenheit vor Ort mehr erfordern. Ob dies Luxus ist oder nicht, lassen wir in diesem Zusammenhang offen.

Eine weitere Ressource des Privatlebens sind mit nur 7% Anteil Freundschaften. Der geringe Anteil kann so erklärt werden, dass sich Freundschaften auch, wenn auch nicht ausschließlich, vom Arbeitsplatz aus insofern gepflegt werden können, als dass etwa soziale Medien und Technik einen Kontakt ermöglichen, der ausreicht, um uns über das Leben des anderen „auf dem Laufenden" zu halten, Gespräche zu führen, zum Geburtstag zu gratulieren oder ähnliches. Dies ersetzt kein Treffen in Person, es ist aber nachgewiesen, dass regelmäßiger Kontakt, sei er auch nur in Form von einer Nachricht oder eines Telefonats, Freundschaften aufrechterhalten kann. Trotzdem sind persönliche Treffen schwieriger geworden, da hierfür wiederum die Zeit knapp ist.

Selbstdisziplin ist ein Faktor, der in den letzten Jahren mehr an Bedeutung gewonnen hat und der viele Formen annehmen kann. Er umschließt alle Tätigkeiten, für die die Person sich bewusst bemüht. Kleine Erfolgsergebnisse führen damit schnell zu Stressabbau und dem Fokus auf etwas anderes als die Arbeit. Beliebte Ziele der Selbstdisziplin im Privatleben sind Gewichtsabnahme, mehr Schlaf, Achtsamkeit und das Leben im jeweiligen Augenblick.[106]

Die Beschäftigung mit Kindern ist neben der Zeit mit der Familie ein gesonderter Punkt. Kinder erfordern die ständige Aufmerksamkeit einer Person, was erwiesenermaßen zum einen eine Ablenkung bietet, zum anderen den Fokus von der Person selbst auf eine andere Person überträgt und somit ein Überdenken von Prioritäten fördert.

Diese genannten Ressourcen sind je nach Person, Familienstand, Alter und so weiter mehr oder weniger effektiv und umsetzbar, aber ein guter Ansatzpunkt zur Stressbewältigung im Privatleben, was wiederum die Stressbewältigung im Beruf ergänzt.

Zur Fokusfrage, der Trennung von Privatleben und Beruf und dem Abbau von Crunch Time werden wir uns im Folgenden aber verstärkt den Maßnahmen und Handlungsempfehlungen, die firmenseitig umgesetzt werden sollten, widmen.

4.3.1 Mögliche Maßnahmen des Personalmanagements

Zum Abbau von Entgrenzung von Arbeit und Crunch Time konzentrieren wir uns nun auf die Maßnahmen und Handlungsempfehlungen, die firmenseitig umgesetzt werden sollen. Diese fokussieren sich auf Firmen der IT-Branche. Als Voraussetzung bleibt vorab zu bemerken, dass diese Maßnahmen sich durch alle Abteilungen und Hierarchiestufen des jeweiligen Unternehmens ziehen sollten, um eine Wirkung zu zeigen. Weiterhin werden Maßnahmen erörtert, die zum einen vorbeugend wirken sollen. Zum anderen wurden Maßnahmen gefunden, die Bei bereits bestehender Entgrenzung von Arbeit und Privatleben zu empfehlen sind, um den Abbau von Crunch Time zu fördern, aber auch den Umgang mit diesem Konzept zu erleichtern. Die Zielsetzung dieser Arbeit, Maßnahmen für den Abbau von Crunch Time zu erörtern, wurde somit erweitert. Der Grund dafür liegt darin, dass im Zuge dieser Literaturarbeit festgestellt wurde, wie weit verbreitet und fest verankert diese Art des Projektmanagements und Entgrenzung von Arbeit in Firmen der IT-Bran-

---

[106] vgl. Mai, Jochen, Disziplin lernen: 10 Schritte zu mehr Selbstdisziplin, in: http://karrierebibel.de/disziplin-selbstdisziplin-marshmallow-test/, 25.08.2016, abgerufen am 26.09.2016

che ist. Im Optimalzustand wären ein vollständiger Abbau und die Einführung vorbeugender Maßnahmen sinnvoll. In der Realität ist ein vollständiger Abbau aber angesichts der erwähnten Strukturen und der Selbstverständlichkeit der Anwesenheit von Crunch Time unwahrscheinlich. Aus Firmensicht sollte das Wohl der Mitarbeiter die Firmenkultur bestimmen. Im hochgradig konkurrenzgeprägten und von Zeitknappheit bestimmten IT-Umfeld wird dies aber nicht so umgesetzt, weswegen es sinnvoll erschien, Maßnahmen herauszuarbeiten, die die Arbeitssituation bei bestehender Entgrenzung und Projekten mit Crunch Time verbessern und den Mitarbeitern zumindest teilweise Erleichterung bringen.

Diese Maßnahmen wurden zum einen auf Basis der Stressfaktoren im Arbeitsumfeld erarbeitet, überschneiden sich in vielen Teilen aber auch mit der aus weiteren Studien zum Thema Arbeitsklima, Stressbewältigung und Zeitdruck erarbeiteten Erkenntnisse.

Anzumerken ist, dass manche Maßnahmen sich kurzfristig und individuell von einer Person umsetzen lassen. Andere Maßnahmen setzen die Zustimmung bzw. Genehmigung des Unternehmens voraus oder benötigen gar die Änderung ganzer Unternehmensstrukturen. Entsprechend können Ergebnisse schneller oder langsamer in Erscheinung treten bzw. stärker oder schwächer ausfallen. Diese Punkte fließen in die abschließende kritische Betrachtung der folgenden Maßnahmen mit ein.

Angelehnt an die Stressfaktoren kann abgeleitet werden, dass es sich sowohl im Arbeitsleben als auch im Privatleben empfiehlt, sich in Selbstdisziplin zu üben und der „Erreichbarkeit über Handy, Email, usw. bewusst Grenzen zu setzen".[107] Was zuerst nach einer einfachen Aufgabe klingt, ist nicht ganz so einfach umzusetzen, da sich der ständige Zugriff aufs Handy und alle Nachrichten weithin so automatisiert hat, dass die Angst vor dem Verpassen wichtiger Nachrichten häufig doch zum Checken der Emails zwingt. Somit muss der Arbeitnehmer sich hier vor Augen führen, was für einen großen Einfluss die ständige Erreichbarkeit auf das Stresslevel nimmt und mit Selbstdisziplin konsequent dagegen wirken. Einschränkend ist zu sagen, dass dies nur arbeitgeberabhängig umzusetzen ist, da hier eine Genehmigung bzw. der ausdrückliche „Feierabend" mit Möglichkeiten der Rufumleitung voraus gehen muss. Dies ist zum Beispiel in Berufen im medizinischen Bereich nicht

---

[107] Jürgens, Kerstin/ Voß, G. Günter, APuZ, Entgrenzung von Arbeit und Leben (34/2007), in: http://www.bpb.de/shop/zeitschriften/apuz/30283/entgrenzung-von-arbeit-und-leben, 20.08.2007, abgerufen am 05.07.2016

möglich, in der IT-Branche sollte es aber einrichtbar sein, dass in dringenden Fällen ein Ansprechpartner erreichbar sein muss, jedoch nicht jeder Arbeitnehmer ständig. Gegebenenfalls ist eine abwechselnde Erreichbarkeit innerhalb der Gruppe von Mitarbeitern zu bedenken. Neben der Einschränkung der ständigen Erreichbarkeit sollte auch in den anderen Lebensbereichen konsequent die Grenze zwischen Arbeit und Privatleben gezogen werden. Auch wenn ein Unternehmen Möglichkeiten bietet, vor Ort zu essen oder Sport zu treiben, in manchen Fällen sogar zu schlafen oder sich anderen Aktivitäten zu widmen, sollte diesen Tätigkeiten möglichst im privaten Umfeld nachgegangen werden. „Der Feierabend, das Wochenende, der Urlaub als Zeit für Kinder und Ehepartner, müssen gegen die wechselhaften und überbordenden Ansprüche des Berufs verteidigt werden".[108] Seitens der Personalmanagements sollte bedacht werden, wieder die Anwesenheitskultur einzuführen.[109] Das bedeutet feste Arbeitstage, einen festen Arbeitsbeginn und auch feste Pausen, sodass die Mitarbeiter wieder einem geregelten Arbeitstag nachgehen können. Dies ist etwa mit Zeiterfassung durch Stichuhren zu ermöglichen. Hierdurch können auch Arbeitszeitverstöße, etwa bei fehlender oder zu kurzer Pause, festgestellt und geahndet werden. Denn gerade „Eltern brauchen ein ausgewogenes Verhältnis von Stabilität und Flexibilität ihrer Arbeitszeiten. Viele täglich wiederkehrende Aufgaben führen zu relativ regelmäßigen Rhythmen im Familienalltag. Alle Flexibilisierungsformen welche die Planbarkeit der Arbeitszeiten einschränken, stellen Eltern vor zusätzliche Schwierigkeiten".[110] Zwar erleichtern flexible Arbeitszeiten teilweise auch das Einhalten von Terminen im Privatleben unter der Woche oder ermöglichen die Anwesenheit bei wichtigen Ereignissen im Leben der Kinder, jedoch erschwert es Eltern zum Beispiel die Organisation der Betreuung der Kinder, wenn es keinen festen Feierabend gibt. Wichtig ist vor allem das Wochenende für das Familienleben, sodass dies als Konstante funktioniert, wenn unter der Woche keine festen Arbeitszeiten zu ermöglichen sind. Denn nur

---

[108] Jürgens, Kerstin/ Voß, G. Günter, APuZ, Entgrenzung von Arbeit und Leben (34/2007), in: http://www.bpb.de/shop/zeitschriften/apuz/30283/entgrenzung-von-arbeit-und-leben, 20.08.2007, abgerufen am 05.07.2016

[109] vgl. Jürgens, Kerstin/ Voß, G. Günter, APuZ, Entgrenzung von Arbeit und Leben (34/2007), in: http://www.bpb.de/shop/zeitschriften/apuz/30283/entgrenzung-von-arbeit-und-leben, 20.08.2007, abgerufen am 05.07.2016

[110] Jürgens, Kerstin/ Voß, G. Günter, APuZ, Entgrenzung von Arbeit und Leben (34/2007), in: http://www.bpb.de/shop/zeitschriften/apuz/30283/entgrenzung-von-arbeit-und-leben, 20.08.2007, abgerufen am 05.07.2016

in dieser freien Zeit ist es für die Mitarbeiter möglich ihre Ressourcen aufzuladen um wieder leistungsfähig zu sein. Es ist wichtig, dass den Arbeitnehmern ihre proaktive Rolle bewusst ist, wenn es um die Trennung von Arbeit und Privatleben geht – zur Not kann das Unternehmen hier beratend zur Seite stehen, um etwa mit Hilfe von Seminaren Unterstützung bei der Verbesserung des eigenen Zeitmanagements zu bieten. Das Unternehmen muss sich um den Mehrwert von motivierten Arbeitnehmern bewusst sein. Mit ausgeglichenen und zufriedenen Mitarbeitern, „können auch stressige Zeiten und herausfordernde Projekte erfolgreich gemeistert werden".[111] Trotz allem Zeitdruck sollte ein Unternehmen beachten, dass ein effektiv arbeitender Mitarbeiter wirtschaftlich einen größeren Mehrwert für das Unternehmen hat, als ein ausgebrannter Mitarbeiter, auch wenn letzterer täglich mehr Stunden bei der Arbeit verbringt. Dies ist eine der seltenen Win-Win-Situationen, die auch dem Beschäftigten zu Gute kommt, wenn er seine Kräfte genügend aufladen kann. So kann die Abwärtsspirale der zeitlichen Ausdehnung und der Ermüdung der Mitarbeiter unter dem Druck der zunehmenden Arbeitsmenge aufgehalten bzw. umgedreht werden. Dies ist natürlich nicht kurzfristig realisierbar, denn das Unternehmen muss die Umstellung von der zeitlichen Ausdehnung der Arbeit zurück zur komprimierten, konzentrierten und effektiven Arbeit explizit fordern, sodass sich diese Arbeitsweise auch mitarbeiterseitig manifestiert. Wichtig ist jedoch auch, dass eine lange tägliche Verweildauer im Unternehmen nicht als Maßstab für Einsatz oder als Vorteil im Wettbewerb unter Mitarbeitern gilt, sondern lediglich die Qualität des Ergebnisses zählt.

Um die Arbeitseinstellung zu verbessern und damit die Motivation der Mitarbeitenden zu erhöhen, ist der gezielte Einsatz von Anreizen wichtig. Diese „Anreize können monetärer bzw. materieller Art oder nicht-monetärer bzw. immaterieller Art sein. Erstere bedeuten einen direkten oder indirekten Zahlungsabfluss seitens des Unternehmens an Mitarbeitende. Letztere verursachen keine finanzielle Leistung des Unternehmens an den Beschäftigten".[112] Auf monetärer Ebene ist es daher der Arbeitsmotivation zuträglich, „jede geleistete Arbeitsstunde durch Erfassung

---

[111] Orgas, Julia, Work-Life-Balance mehr als flexible Arbeitszeiten, in: https://www.staufen-biel.ch/bewerbung-karriere/karriereplanung/work-life-balance/was-unternehmen-fuer-work-life-balance-tun.html, 20.09.15, abgerufen am 05.07.16

[112] o.A. Anreizgestaltung, in: http://www.perwiss.de/anreizgestaltung.html, o.J., abgerufen am 23.08.2016

sichtbar zu machen, um der unkontrollierten Arbeitszeitverlängerung ohne zeitlichen Ausgleich einen Riegel vorzuschieben".[113] Dies steht natürlich in Konflikt zu Crunch Time und wäre entsprechend schwierig umzusetzen, da davon ausgegangen werden kann, dass dies in Unternehmen der IT-Branche ein fest geplanter Teil in Projekten ist und üblicherweise im Arbeitsvertrag keine Arbeitszeit und entsprechend keine Arbeitszeiterfassung geregelt wird, um theoretisch, unbegrenzte Arbeit zu ermöglichen. Somit müsste die komplette Unternehmensstruktur und die zeitliche Planung von Projekten geändert werden. Dies ist insofern unwahrscheinlich, als dass dadurch Projekte mehr Zeit oder mehr Arbeitskraft in Anspruch nehmen müssten, wodurch weniger Projekte angenommen werden könnten bzw. eventuell ein anderes Unternehmen mit schnellerem Arbeitsablauf Aufträge bekommen würde. Insofern ist ein möglichst positiver Umgang mit Crunch Time zwar gemäß des Personalmanagements kein vollständig zufriedenstellendes Konzept, wohl aber ein Anfang. Auch wenn die Arbeitszeit nicht physisch erfasst wird, ist es trotzdem möglich, geleisteter Mehrarbeit Rechnung zu tragen. Nach Phasen von Crunch Time könnten Unternehmen ihren Mitarbeitern zum Beispiel Ruhephasen ermöglichen oder die langen Arbeitsstunden durch Lob und Boni anerkennen. Somit fühlt der Mitarbeiter sich geschätzt und merkt, dass seine Anwesenheit, wenngleich nicht gemessen, doch gesehen und sein Einsatz anerkannt wird.

„Zu den wichtigen Gruppen von nicht materiellen Anreizen gehören (...) die institutionellen anreize wie Arbeitsplatzsicherheit".[114] Diese ist in der von Konkurrenz geprägten Kultur der IT-Branche häufig nicht gegeben, was den Druck auf die Arbeitnehmer stark erhöht und zu einer Minderleistung aus Angst vor dem Verlust des Arbeitsplatzes führen kann. Höchstleistungen zu erwarten ist zwar verständlich, mit Druck sind diese aber nicht einzufordern sondern vielmehr mit Motivation zu fördern. Der Druck der Sorge um den Arbeitsplatz kann genommen werden, indem ein Ansprechpartner gestellt wird, an den Arbeitnehmer sich wenden können, um vertrauliche und auch private Angelegenheiten und Sorgen zu besprechen und durch entsprechende Anpassungen im Arbeitsumfeld Erleichterung zu erfahren.

---

[113] Jürgens, Kerstin/ Voß, G. Günter, APuZ, Entgrenzung von Arbeit und Leben (34/2007), in: http://www.bpb.de/shop/zeitschriften/apuz/30283/entgrenzung-von-arbeit-und-leben, 20.08.2007, abgerufen am 05.07.2016

[114] o.A. Anreizgestaltung, in: http://www.perwiss.de/anreizgestaltung.html, o.J., abgerufen am 23.08.2016

Man sollte die „Motivation als permanente Führungsaufgabe verstehen".[115] Trotz der empfohlenen Trennung zwischen Privatleben und Arbeitsplatz ist es sinnvoll und steigert die Motivation, wenn der Vorgesetzte sich auch privater Sorgen seiner Mitarbeiter annimmt und darum weiß. Während es noch vor einigen Jahren als unprofessionell galt, sich am Arbeitsplatz darüber zu unterhalten, ist dies heute ein veraltetes Konzept, denn nur aus Unterhaltungen über persönliche Dinge können Freundschaften entstehen, die unter Kollegen durchaus zuträglich für die Motivation und auch die Arbeitsleistung sind. Freundschaften mit dem Vorgesetzten wiederum sind schwierig, da sie dem neutralen Umgang mit Mitarbeitern im Wege stehen und störende Dynamiken begünstigen. Wohl aber ist es möglich, dass Vorgesetzte auch Dinge über das Privatleben eines Mitarbeiters wissen. Ihre Neutralität ist dadurch nicht beeinflusst. Bedenken, die in diesem Zusammenhang häufig geäußert werden, ist etwa, dass Mitarbeiter Probleme im Privatleben als Grund für Minderleistungen mit dem Vorgesetzten besprechen und sich damit ein stückweit ihrer Verantwortung entziehen könnten. Dieses Argument kann aber schnell entkräftet werden, denn der Vorgesetzte kann erkennen, ob das Privatleben als Ausrede für ständige Minderleistung oder als ausnahmsweise Begründung für einen Ausreißer in einer sonst guten Leistung zu verzeichnen ist. Es ist nicht widersprüchlich, dass das Verhältnis von Vorgesetzten zu Beschäftigten respektvoll und gleichzeitig vertraut ist, sondern der Optimalfall. „Eine Leistungssteigerung der Mitarbeiter [wird] vorwiegend durch eine partnerschaftliche Führung und mit Hilfe von Motivation erreicht".[116] Je mehr der Mitarbeiter persönlich in das Unternehmen eingebunden wird, desto mehr identifiziert er sich mit dem Unternehmen, was die Leistungsfähigkeit und Motivation steigert. Ein angstfreies und positives Klima zu schaffen ist Aufgabe des Personalmanagements und hat große Effekte auf die Effizienz der Mitarbeiter durch die Verminderung des Drucks. Außerdem hat dies auch Einfluss auf Kunden und Geschäftspartner, die die Unternehmenskultur schnell an der Motivation der Mitarbeiter ablesen können. Geschäftsverhältnisse bestehen länger, wenn diese ebenfalls auf Vertrauen bauen und persönliche Aspekte mit einfließen. Werden die Beschäftigten eines Unternehmens sichtbar gut

---

[115] Neuman, Tobias, Mitarbeitermotivation als wesentliche Führungsaufgabe, in: http://www.personalmanagement.info/hr-know-how/fachartikel/detail/mitarbeitermotivation-als-wesentliche-fuehrungsaufgabe/, 29.04.2015, abgerufen am 25.08.2016

[116] o.A., Mitarbeitermotivation durch professionelles Personalmanagement, in: http://www.manager-institut.de/training/seminar/mitarbeitermotivation-durch-professionelles-personalmanagement.html, o.J., abgerufen am 25.08.2016

behandelt, formt dies auch die Grundlage für Geschäftsbeziehungen auf Unternehmensebene. Mitarbeiter lassen sich weniger leicht abwerben und behandeln Firmengeheimnisse vertraulich. Aufgabe der Personalführung ist es also, die Mitarbeiter „bei der Arbeit in Richtung der Unternehmensziele zu leiten".[117]

Auch „regelmäßige Feedbackgespräche bieten Arbeitgebern die Möglichkeit die Leistung des Mitarbeiters zu beurteilen und darüber hinaus mehr über die Motivation und Ambitionen des einzelnen zu erfahren. So hat man Anhaltspunkte, um gezielt zu fördern und Aufgaben nach Fähigkeiten zu verteilen. Werden zudem beim Projektmanagement die Stärken der Angestellten berücksichtigt, steigert das die Produktivität".[118]

Da Crunch Time vor allem in Projektarbeit eingesetzt wird, ist es sinnvoll, dass sich die Verantwortungsbereiche der Mitarbeiter überlappen, um Projektarbeit stressfreier zu gestalten. So kann der Druck von den Schultern des einzelnen Mitarbeiters genommen werden.[119] Um nicht zu riskieren, dass Mitarbeiter dadurch Verantwortung auf andere abschieben, ist es sinnvoll, einer Gruppe von Mitarbeitern teilweisen Ownership an einem Projekt zu geben. Wenn sie ihren Verantwortungsbereich konkret abgegrenzt haben, ist es einfacher, diesen zu überblicken und im Team zu arbeiten.

Kleine Teams von Mitarbeitern lernen schnell die Stärken und Schwächen der anderen kennen und können Aufgaben entsprechend verteilen, sich somit gegenseitig entlasten und trotzdem Verantwortung für die Gesamtaufgabe übernehmen.

Ein weitere sehr wichtige Maßnahme welche dazu dienen kann, Crunch time entgegen zu wirken, ist eine Verbesserung des Zeitmanagements.

Strategisch gesehen sollten in jedes Projekt Pufferzeiten mit eingerechnet werden. Dies nimmt den Zeitdruck, ohne die Arbeit zu verlangsamen. So kann die Deadline

---

[117] Schrader, Helen, Professionelles Personalmanagement: Mitarbeiter motivieren – Produktivität steigern, in: http://www.unternehmer.de/management-people-skills/158906-professionelles-personalmanagement-mitarbeiter-motivieren- produktivitaet-steigern, 19.11.2013, abgerufen am 26.08.2016

[118] Schrader, Helen, Professionelles Personalmanagement: Mitarbeiter motivieren – Produktivität steigern, in: http://www.unternehmer.de/management-people-skills/158906-professionelles-personalmanagement-mitarbeiter-motivieren- produktivitaet-steigern, 19.11.2013, abgerufen am 26.08.2016

[119] vgl. Dope, Bettina, IT-Projekte machen krank, in: http://www.cio.de/a/it-projekte-machen-krank,2977413, 12.12.2015, abgerufen am 10.07.2016

eingehalten werden auch wenn unvorhergesehene Probleme entstanden sind. Zudem können Führungskräfte Aufgaben priorisieren und Tätigkeiten verlagern, sowie feste Pausenrituale einführen, um die Mitarbeiter zu entlasten.[120] Insgesamt lässt sich sagen, dass es theoretisch möglich ist, Crunch Time durch Zeitmanagement und oben genannte Maßnahmen zu verhindern und eine Trennung von Privatleben und Beruf wieder zu etablieren. Praktisch gesehen ist dies aber gerade in Firmen der IT Branche unwahrscheinlich.

Durchaus möglich ist es aber schon, dass Crunch Time vermindert bzw. für die Mitarbeiter erträglicher gestaltet wird und somit zumindest eine vage, wenn auch nicht vollständige Trennung von Arbeit und Privatleben zu ermöglichen. Grundsätzlich sollte es den Unternehmen ein Anliegen sein, Crunch Time nicht als selbstverständliches Konzept, sondern nur als nötiges Übel anzusehen und den Mitarbeitern dafür Phasen von Entspannung und deutlicherer Trennung von Arbeit und Privatleben zu ermöglichen, um die Motivation zu erhalten. Somit kann der Abwärtsspirale von Zeitdruck und Entgrenzung vorgebeugt und eine maximale Leistung der Mitarbeiter erreicht werden.

4.4 Erfolgskriterien für das Unternehmen

Um den Erfolg der oben beschriebenen Maßnahmen zu messen, konnten drei Erfolgskriterien gefunden werden. Diese können dem Unternehmen als Anhaltspunkte dienen, um zu prüfen, ob die Maßnahmen bereits Erfolg zeigen, wie schnell sich dieser einstellt, ob dieser langfristig anhält und noch gesteigert werden kann. Das gibt dem Unternehmen nicht nur Aufschluss darüber, ob und in welchem Ausmaß die genannten Maßnahmen sich auswirken, sondern auch darüber, wie schnell die Unternehmensstrukturen auf Maßnahmen und Neuerungen reagiert und sich anpasst.

Gerade Unternehmen in der IT-Branche müssen mit dem Wandel und Fortschritt ihres Umfeldes schritthalten können bzw. diesem möglichst voraus sein.[121] Somit müssen alle Unternehmensstrukturen auf Wandel und Veränderung ausgelegt sein,

---

[120] vgl. Dope, Bettina, IT-Projekte machen krank, in: http://www.cio.de/a/it-projekte-machen-krank,2977413, 12.12.2015, abgerufen am 10.07.2016

[121] vgl. Kurzlechner, Werner, Die Mängelliste der IT-Systemhäuser, in: http://www.cio.de/a/die-maengelliste-der-it-systemhaeuser,2303486,2, 02.03.2012, abgerufen am 27.09.2016

sodass diese sich schnellstmöglich anpassen lassen. Dies ist nicht nur im strukturellen und organisatorischen Aufbau des Unternehmens vorgegeben, sondern muss auch von jedem einzelnen Mitarbeiter umgesetzt werden. Nur wer offen gegenüber Veränderung an seinem Arbeitsplatz ist, kann in dieser raschen Entwicklung mithalten. Dies ist jedoch auch eine Stressquelle. Der Mensch gewöhnt sich schnell und gerne an Arbeitsabläufe und somit wirken selbst kleine Veränderungen dabei destruktiv. Die Person muss sich neu strukturieren und umstellen, was vor allem bei häufigen oder gravierenden Veränderungen erschöpfend ist. Der Zustand, der im Englischen „intertia", also Trägheit, genannt wird, bezeichnet einen für Unternehmen der IT-Branche gefürchteten Zustand. Ist ein Unternehmen inert, so bewegt es sich bildlich gesehen langsamer als seine Umwelt. Es hält nicht Schritt mit dem Fortschritt, der in der IT-Branche besonders schnell ist. Sobald es sich langsamer als die Umwelt bewegt, ist das in der IT-Branche mit Stillstand vergleichbar – um erfolgreich am Markt zu sein ‚streben Unternehmen an, Vorreiter neuer Technologien und Spiele zu sein. Dies ist für Unternehmen anderer Branchen zwar ebenfalls ein negativ behafteter Zustand, nicht aber so bedrohlich wie in der IT-Branche. Aus diesem Grund müssen die Unternehmensstrukturen auf Wandel ausgerichtet sein. Um aber erfolgreich neue Maßnahmen oder geänderte Abläufe einzuführen und durchzusetzen, muss es als Aufgabe der Führungsposition und Personalmanagements verstanden werden, zuallererst und ständig dafür zu sorgen, dass den Mitarbeitern die Bedeutung von Veränderung bewusst ist und sie offen dafür bleiben müssen. Wandel muss dafür als etwas Positives verstanden werden und die Einführung von neuen und innovativen Vorgängen oder Abläufen für die Mitarbeiter so angenehm wie möglich gestaltet werden. Einer Erschöpfung durch ständige Änderungen, die nicht konsequent von allen Mitarbeitern gleich angewandt werden oder nicht ausreichend erklärt werden, muss unbedingt vorgebeugt werden. Erst wenn diese Bedingung gegeben ist, macht es Sinn, an der Einführung neuer Maßnahmen zu arbeiten. Dies vorausgesetzt können die herausgearbeiteten Maßnahmen sinnvoll umgesetzt und zu mehreren Stichtagen deren Effekte gemessen werden. Die Stichtage und zeitlichen Abstände der Messungen hängen von der Größe des Unternehmens und von der Komplexität der Maßnahmenumsetzung ab und sind daher vom Personalmanagement individuell festzulegen. Es ist aber ratsam, die Effekte auf gleiche Weise und zu mehreren Terminen zu messen, statt nur einmal vorund einmal nach der Umstellung. So kann vermieden werden, dass das Ergebnis durch eventuelle andere Einflüsse verfälscht wird und Ausreißer unbemerkt bleiben. Dabei ist auch zu bedenken, die Maßnahmen je nach Aufwand nacheinander einzuführen und Messungen zwischenzeitlich durchzuführen.

So lässt sich erkennen, welchen Effekt jede einzelne Maßnahme hat und wie schnell diese umgesetzt werden. Wichtig ist, dass in dieser Zeit keine anderen großen Umstellungen erfolgen, die ähnliche Effekte haben könnten wie die genannten Maßnahmen. Je stabiler und unveränderter die nicht betroffenen Unternehmensstrukturen während der Umsetzung einer Maßnahmen bleiben, desto klarer der Effekt der entsprechenden Maßnahme.

Die Erfolgskriterien lauten: Arbeitsmotivation, Produktivität und Kreativität. Diese Effekte wurden ausgewählt, da sie Aufschluss über die Effekte auf den einzelnen Arbeitnehmer sowie das Projekt insgesamt geben. Es sind für ein Unternehmen der Game Branche relevante Kennzahlen. Diese werden jeweils an mehreren Indikatoren gemessen. Die Arbeitsmotivation etwa kann am Involvement der Mitarbeiter gemessen werden, also der Einstellung zur Arbeit und der Identifikation mit dem Unternehmen. Dies kann durch einen Fragebogen und auch zusätzlich durch Beurteilung des Vorgesetzten erfolgen, sofern dieser sich durch enge Zusammenarbeit mit dem Mitarbeiter ein unverfälschtes Bild darüber machen kann. Der Vorgesetzte sollte in diesem Fall die nötige Menschenkenntnis und Aufmerksamkeit mitbringen, nicht nur an der täglichen Verweildauer im Unternehmen die Motivation abzulesen, sondern auch an Faktoren wie Einbindung des Mitarbeiters ins Team, Einsatz in projektfremden Themen, Interesse an projektübergreifenden Zusammenhängen, Spaß bei der Arbeit etc. Auch die Zahl der Fehltage ist ein Indikator, dieser kann jedoch die Situation schnell verzerrt darstellen und ist damit nur eingeschränkt, also in Verbindung mit anderen Indikatoren, zu verwenden. Der Grund dafür liegt darin, dass ein Mitarbeiter während der Crunch Time zumeist auch selten fehlt. Auch im Krankheitsfall „schleppt" sich ein Mitarbeiter zur Arbeit aus Sorge um seinen Job.[122] Das bedeutet aber nicht zwangsläufig, dass der Mitarbeiter hoch motiviert ist. Genauso bedeutet eine hohe Anzahl an Krankheitstagen nicht zwangsläufig fehlende Motivation sondern kann einer längeren oder schwerwiegenden Krankheit oder Verletzung geschuldet sein. Krankheiten sind nicht berechenbar und grundsätzlich sollen erkrankte Mitarbeiter nicht zur Arbeit kommen. Es sollte auch nicht als „Einsatz zeigen" missverstanden werden, wenn ein Mitarbeiter krank zur Arbeit kommt. Es geht aber eher darum, ob Mitarbeiter, die eigentlich gesund, bzw. „gesund genug" zum Arbeiten sind, zur Arbeit erscheinen. So kann

---

[122] vgl. Holzapfel, Nicola, Ständig erreichbar, immer kaputt, in: http://www.sueddeutsche.de/karriere/stressige-it-branche-staendig-erreichbar-immer-kaputt-1.132082, 17.05.2010, abgerufen am 10.07.2016

also eher die zeitliche Lage von Fehltagen Aufschluss über die Arbeitsmotivation geben. „Erkrankt" ein Mitarbeiter gewöhnlich vor und nach Feiertagen sowie vor und nach dem Urlaub oder „gesundet" ein Mitarbeiter nach spätestens sechs Wochen, wenn das Unternehmen keinen Lohn mehr fortzahlen müsste, und wiederholen sich solche Auffälligkeiten ohne plausible Erklärungen wie nachweisliche schwere Krankheiten oder Verletzungen, lässt dies auf geringe Arbeitsmotivation schließen. Auch sprechen wiederholte kurze Fehlperioden (alle drei bis vier Wochen für einige Tage) für geringe Arbeitsmotivation. Diese können zum einen darin begründet sein, dass ein Mitarbeiter diese Phasen als „Auszeit" von der Arbeit braucht oder aber tatsächlich körperlich krank ist, was ebenfalls Fragen seitens des Personalmanagements aufwerfen sollte, ob sich hier psychische Faktoren körperlich manifestieren. Besorgniserregend sollten außerdem psychische Erkrankungen wie Burn-out sein, die zwar nicht direkt auf geringe Arbeitsmotivation, aber auf eine grundlegende Diskrepanz zwischen der für den Mitarbeiter erträglichen Arbeitsweise und der unternehmensseitig geforderten Arbeitsweise schließen lässt. Hier sollte das Personalmanagement kritisch hinterfragen, ob diese Diskrepanz ein Einzelfall ist oder häufiger vorkommt und wie diese behoben werden kann. Man sieht, dass Fehltage ein sensibles Thema und fehleranfälliger Indikator sind. Sie können aber sehr wohl als Stützfaktor angesehen werden, um die Ergebnisse aus Fragebögen und dem persönlichen Eindruck des Vorgesetzten zu der Arbeitsmotivation eines Mitarbeiters verifizieren. Die Produktivität und Effektivität eines Mitarbeiters ist wirtschaftlich gesehen die bedeutendste Kennziffer für ein Unternehmen. Diese kann an der Leistungsfähigkeit des Mitarbeiters gemessen werden – wie schnell arbeitet der Mitarbeiter, wie hoch oder niedrig ist die Qualität seiner Ergebnisse und wie hoch ist die Fehlerquote? Möglichst hohe Qualität in möglichst geringer Zeit steht für hohe Produktivität, der Optimalzustand also. Dies ist ebenfalls vom Vorgesetzten des Mitarbeiters zu beurteilen. Bereits bestehende Studien aus anderen Unternehmensfeldern zeigen, dass die Produktivität steigt, wenn ein Mitarbeiter ausgeruht zur Arbeit kommt. Die Produktivität sinkt bei einem 12-Stunden-Arbeitstag und entsprechendem Schlafdefizit so sehr, dass das Output dem eines 8-Stunden-Arbeitstages bei einem ausgeruhten Mitarbeiters entspricht.[123] Auch vor dem Hintergrund der Vorbeugung von Stress und dem Abbau von Druck sowie einer gesunden Work-Life-Balance ist dies eine Erkenntnis, die

---

[123] vgl. Robinson, Evan, Why Crunch Modes Doesn´t Work: Six Lessons, in, http://www.igda.org/?page=crunchsixlessons, 2005, abgerufen am 02.08.2016

Unternehmen auch aus wirtschaftlicher Sicht aufhorchen lassen sollten. Es wäre sehr interessant zu sehen, ob dieses Ergebnis auch für Unternehmen der IT-Branche hält.

Zuletzt ein nur schwer messbares Konzept, das aber in der Game Entwicklung vor dem Hintergrund der ständigen Innovationen einen hohen Stellenwert hat: die Kreativität. Diese kann ebenfalls durch den Vorgesetzten oder auch Teamkollegen bewertet werden, etwa am Ideenreichtum des Mitarbeiters – bringt er sich ein, hat er spontane Einfälle, auch zu Themen außerhalb seines direkten Aufgabengebiets und Verantwortungsbereichs? Wie schnell konnte ein Projekt abgeschlossen werden und waren eventuelle Verzögerungen mangelnder Ideen geschuldet? Wie fallen die Bewertungen der peer groups außerhalb des Unternehmens aus, was sagen Kritiken, etwa in einem PC-Magazin?[124] Wichtig bei der Bewertung ist, dass jeder Mitarbeiter einzeln bewertet wird und der Schnitt der Ergebnisse aller Mitarbeiter zusammen dann das letztendliche Bewertungskriterium über Erfolg oder Misserfolg der Maßnahme bildet. Zwar ist auch die Entwicklung und Veränderung jedes einzelnen Mitarbeiters interessant für das Unternehmen und aussagekräftig über Erfolg und Misserfolg einer Maßnahme, allerdings ist dabei zu bedenken, dass Maßnahmen bei einigen Mitarbeitern besser, bei anderen schlechter funktionieren. Der Schnitt aller Mitarbeiter im jeweiligen Erfolgskriterium gibt ein relevanteres und präziseres Abbild von Erfolg oder Misserfolg einer Maßnahme und ist deswegen in der Beurteilung von Maßnahmen zu priorisieren.

Wenn man also davon ausgehen würde, dass die erarbeiteten Maßnahmen des professionellen Personalmanagements erfolgreich umgesetzt werden konnten, so könnte man eine These darüber aufstellen, dass die genannten Erfolgskriterien steigen. Schafft man es, durch die gezielte Setzung von Anreizen die Arbeitseinstellung des Mitarbeitenden positiv zu beeinflussen und diese in Richtung der Unternehmensziele zu leiten, so wäre ein Anstieg der Arbeitsmotivation denkbar. Ziel ist es also den Beschäftigten wieder zu seiner Passion an der Arbeit zu führen. Das wird erreicht, wenn sich dieser mit dem Projekt an dem er arbeitet, identifizieren kann, sodass er sich aus eigenem Interesse voll und ganz in die Arbeit einbringt. Wenn man dem Mitarbeiter die Möglichkeit gibt durch Freizeit und einen pünktli-

---

[124] vgl. Bonn, Georg, Personalmanagement und Kreativität von Unternehmen, Der Einfluss von personalpolitischen Maßnahmen auf die Innovationsfähigkeit, Diss. Universität Konstanz 2002, 110

chen Feierabend seine Ressourcen aufzuladen, sodass dieser erholt zu Arbeit erscheint, so ist davon auszugehen, dass die Fehlerquote fallen wird. Er kann sich voller Energie und konzentriert der anfallenden Arbeit widmen und diese dann mit Sicherheit schneller und fehlerfreier erledigen als jemand der bereits von den vorherigen Arbeitstagen erschöpft ist und nicht mehr im vollen Umfang seiner kognitiven Kapazitäten agieren kann. Es ist also mit einer steigenden Leistungsfähigkeit und daher mit einer Erhöhung der Produktivität zu rechnen.

Ähnliches lässt sich in Bezug auf die Kreativität vermuten. Schlagen die in 4.3.1 erörterten Maßnahmen erfolgreich an, sollte es möglich sein, den Druck, der auf dem Mitarbeiter lastet zu senken und somit dessen Stresslevel zu reduzieren. Wie bereits erwähnt, haben der Stress und die unzureichende Erholung einen negativen Einfluss auf die kognitiven Fähigkeiten einer Person. Schafft man es nun dem Beschäftigten durch genügend Schlaf Erholung zu verschaffen, sodass dieser bei der Arbeit seine volle kognitive Leistung abrufen kann, so wäre der logische Umkehrschluss, dass die Kreativität wieder steigt.

So lässt sich also sagen, dass es bei erfolgreicher Umsetzung der genannten Personalmanagement Maßnahmen die Erfolgskriterien Arbeitsmotivation, Produktivität und Kreativität steigen könnten. Dies hätte eine nachhaltig positive Wirkung auf den Unternehmenserfolg sowie auf die einzelnen Mitarbeiter.

5 Ergebnisse

5.1 Zusammenfassung

In dieser Bachelorarbeit wurde das Thema der Entgrenzung unter dem Gesichtspunkt der Crunch time behandelt.

Zusammenfassend lässt sich sagen, dass die auslösenden Faktoren der Arbeitsverdichtung nur schwer oder gar nicht zu beeinflussen sind. Der dadurch ausgelöste Strukturwandel in der Arbeitswelt beinhaltet automatisch eine Tendenz, die zur Entgrenzung führt. Wesentlich verstärkt wird diese Tendenz durch die Anwendung von Crunch time, so dass es zu einer totalen Dominanz der Arbeit gegenüber dem Privatleben kommt. Die Konsequenzen von einer über mehrere Monate angewandten Crunch time Periode sind auf viele Faktoren bezogen eindeutig negativ. Aufgrund der völligen Überlastung leidet nicht nur die Arbeitsmotivation, sondern durch die ansteigende Fehlerquote auch die Produktivität. Das kreative Klima im Unternehmen wird durch den permanenten Druck ebenfalls negativ beeinflusst, denn mit fortschreitender Ermüdung nehmen die kognitiven Fähigkeiten des Mitarbeitenden stark ab, was dazu führt, dass sich die Beschäftigten gedanklich nicht mehr frei entfalten können. Doch da diese Art des Managements so fest verankert in der Projektplanung der IT-Branche ist, wird dieses Konzept bis heute angewandt. Es wurden Maßnahmen des professionellen Personalmanagements herausgearbeitet, welche alternativ zu Crunch time eingesetzt werden sollten, um die Erfolgskriterien der Unternehmung zu erhöhen und um auf lange Sicht gesehen wieder eine Abgrenzung zwischen der Erwerbsarbeit und dem Privatleben zu schaffen. Durch die Rückkehr zur Anwesenheitskultur soll erreicht werden, dass wieder Stabilität in den Arbeitsalltag der Mitarbeiter gebracht wird und diese dann die Möglichkeit haben, ihr Privatleben zu organisieren und auch ihre Ressourcen nach einen anstrengenden Tag auf der Arbeit aufzuladen. Mit Hilfe des gezielten Einsatzes von Anreizen und der Vergütung jeder geleisteten Arbeitsstunde soll die Motivation der Beschäftigten positiv beeinflusst werden.

Letztendlich sollte so mit einer geregelten 40-Stunden Woche, in der fünf Tage die Woche jeweils acht Stunden intensiv gearbeitet wird, mehr Output erzielt werden als mit 12-Stunden-Arbeitstagen. Denn mit zunehmender Ermüdung und fehlender Erholung ist ein Mitarbeiter deutlich weniger effektiv, worunter auch die Qualität der Arbeit leidet.

5.2 Limitationen

Einschränkend ist anzumerken, dass die dieser Bachelorarbeit zugrunde liegende Literatur zum Thema Crunch Time begrenzt war. Es wurde versucht, viele aktuelle Quellen zu finden, um die Informationen möglichst wenig einseitig zu präsentieren und die Ergebnisse damit so valide und allgemeingültig wie möglich zu machen. Da es sich bei Crunch Time jedoch um eine gängige englische Vokabel handelt, die ein seit Jahren etabliertes Konzept in Projekten beschreibt, gibt es wenig Forschung, die diesen Begriff in Frage stellt oder analysiert. Dies ist auch der Grund für die ausschließlich englischsprachigen Quellen, da es sich um keinen neuen Begriff oder neu entwickeltes Phänomen handelt, sondern lediglich um ein gängiges Prinzip. Relevant ist es natürlich dennoch, da solch alt eingesessene Strukturen gerade bei Unternehmen der Game Branche, die sich in stetem Wandel befinden und für deren Überleben Fortschritt essentiell ist, einen Ansatzpunkt für Neuerungen bilden, um Unternehmensabläufe effektiver zu gestalten. Auch im Rahmen der zunehmenden stressbedingten Krankheiten und des omnipräsenten Zeitdrucks ist es sinnvoll, dass ein Unternehmen seine Abläufe kritisch beleuchtet und hinterfragt. Insofern ist zu sagen, dass trotz eingeschränkter Quellenmenge die gefundenen Maßnahmen durchaus auf Unternehmen der IT-Branche allgemein anwendbar sind, da davon ausgegangen werden darf, dass die für uns entscheidenden Strukturen und Parameter wie etwa Zeitdruck, Effizienz, Wandel und Fortschritt in allen Unternehmen dieser Branche vorliegen.

In Anbetracht dessen, dass Crunch Time und Entgrenzung von Arbeit so weit verbreitete und selbstverständliche Konzepte sind, ist es fraglich, ob Unternehmen an der sicher zeitund kostenintensiven Umsetzung der Maßnahmen arbeiten, die mit dem Ziel der Trennung von Arbeit und Freizeit konfliktionär zum Zeitdruck der Unternehmen stehen. Da die erfolgreiche Integration der Maßnahmen aber wiederum höhere Effizienz in der Arbeit der Arbeitnehmer nach sich zieht, geht dieses übergeordnete Ziel konform mit dem Zeitfaktor in Unternehmen. Unter diesem Gesichtspunkt ist anzunehmen, dass Unternehmen durchaus den Aufwand der Umsetzung der genannten Maßnahmen in Kauf nehmen, um die Effizienz und Motivation ihrer Mitarbeiter zu steigern, zumal andere Maßnahmen mit dem gleichen Zweck, wie etwa Sportmöglichkeiten etc., ebenfalls kostenintensiv sind. Die Maßnahmen wurden aufgeteilt in solche, die in Zeiten von Crunch Time die Trennung von Arbeit und Freizeit unterstützen sollen und solche, die Crunch Time als Ursache vorbeugen sollen.

Diese Trennung wurde vorgenommen, um auch eine kurzfristige Anwendbarkeit sicherzustellen und auch für Arbeitnehmer in Unternehmen, die eine Umstellung ihrer Strukturen nicht durchführen, Erleichterung zu schaffen.

Insofern lässt sich sagen, dass in Anbetracht der relativ geringen Menge an Quellen die Validität der Ergebnisse relativ hoch ist und einen Mehrwert für Unternehmen der IT-Branche bringt. Da die Realisierung dieser Maßnahmen von Seiten des Unternehmens angestoßen und verfolgt werden müssen, hängt der letztendliche Erfolg der Maßnahmen natürlich am Grad der Umsetzung des Unternehmens, wodurch keine verlässliche Aussage über die Erfolgschancen getroffen werden kann.

Nur teilweise sind die Maßnahmen auf andere Branchen und Unternehmen übertragbar. Nicht jedes Unternehmen ist Fortschritt und Wandel so ausgesetzt wie die der It-Branche, weswegen die Umsetzung der Maßnahmen nicht sinnvoll wäre bzw. wahrscheinlich keinen Effekt haben würde. Die Feuerwehr oder Berufe aus dem medizinischen Umfeld sind angewiesen auf ständige Verfügbarkeit ihrer Arbeitnehmer, weswegen eine Entgrenzung von Arbeit und Freizeit, zumindest phasenweise, unvermeidbar ist. Maßnahmen wie Schlafzimmer, Kantinen und Fitnessmöglichkeiten etwa in Krankenhäusern sind hier kein unternehmensseitiges Mittel, eine Entgrenzung von Arbeit und Freizeit herbeizuführen, sondern um diese unvermeidbare Entgrenzung möglichst angenehm zu gestalten.

Daher ist zu sagen, dass die Ergebnisse sich auf Unternehmen der IT-Branche beschränken.

5.3 Implikationen für die Praxis

Aus den genannten Maßnahmen können Implikationen für die Praxis direkt abgeleitet werden. Um größtmöglichen Erfolg zu generieren, müssen Unternehmen diese jedoch strikt verfolgen und sich in jeder Abteilung offen für diese zeigen. Allein die konsequente Verfolgung der Maßnahmen stellt einen anhaltenden Effekt sicher und die Bedeutung selbst kleiner Veränderungen muss von der Führungsebene aus als Personalmanagementmaßnahme kommuniziert und die Umsetzung kontrolliert werden.

5.4 Implikationen für die Forschung

Die vorliegende Arbeit bietet Raum für weitergehende Forschung. Zum einen wäre eine Studie oder Literaturrecherche zum gleichen Thema in anderen Branchen interessant, da der Faktor Zeit in vielen Unternehmen ein für den Unternehmenserfolg kritischer Faktor ist. Anschließend an die Erkenntnisse dieser Arbeit wäre außerdem eine empirische Studie zu bedenken, die den Erfolg 1) der Maßnahmen zur Erleichterung bei bestehender Crunch Time und 2) der Maßnahmen zur Vorbeugung von Crunch Time misst und vergleicht.

5.5 Ausblick

Die Limitationen implizieren, dass eine Forschung zu Crunch time auch im Bezug auf andere Branchen interessant wäre. Auch wenn insbesondere die Gaming Industrie für diese Art des Projektmanagements bekannt ist, so kann davon ausgegangen werden, dass dieses Konzept auch in anderen Bereichen praktiziert wird. Denn überall wo Deadlines eingehalten werden müssen, ist in für viele Crunch time der einzige Weg um dies zu erreichen.

Auch die Frage, wie sich die genannten Personalmanagementmaßnahmen in anderen Bereichen als der IT-Branche umsetzten lassen, wäre sicherlich interessant.

Außerdem bietet das Thema weiteren Raum zu Forschung, da die Aufklärung über die Konsequenzen der Anwendung von diesem Konzept noch zu wenig verbreitet sind.

Da das Thema weiterhin aktuell ist, bleibt abzuwarten, ob sich das Problem der Entgrenzung und der Crunch time auf lange Sicht gesehen löst, oder ob es sich verschlimmert.

6 Literaturverzeichnis

Bauer, Manuel, No Man's Sky: Finaler Test, Tipps & Tricks zum Weltraumepos, in: http://www.computerbild.de/artikel/cbs-News-PC-No-Man-s-Sky-Release-Termin-15187617.html, 15.08.2016, abgerufen am 01.09.2016

Belenky, Gregory, Sleep Deprivation, and Human Performance in Continuous Operations, in: http://isme.tamu.edu/JSCOPE97/Belenky97/Belenky97.htm, o.J., abgerufen am 15.07.2016

Bock, Laszlo, Google´s Scientific Approach to Work-Life Balance, in: https://hbr.org/2014/03/googles-scientific-approach-to-work-life-balance-and-much-more, 27.03.2014, abgerufen am 05.07.2016

Bonn, Georg, Personalmanagement und Kreativität von Unternehmen, Der Einfluss von personalpolitischen Maßnahmen auf die Innovationsfähigkeit, Diss. Universität Konstanz 2002, 110

Dickey, Megan Rose, Most Google Employees Can't Separate Work From Their Personal Life, in: http://www.businessinsider.com/google-employees-work-life-balance-2014-3?IR=T, 28.03.2014, abgerufen am 05.07.2016

Dope, Bettina, IT-Projekte machen krank, in: http://www.cio.de/a/it-projekte-machen- krank,2977413, 12.12.2015, abgerufen am 10.07.2016

Drexxler, Peggy, Work/life balance an impossible dream? In: http://edition.cnn.com/2015/03/12/opinions/drexler-work-life-balance/, 15.03.2015, abgerufen am 05.07.2016

Florence, Sargant, Economics of Fatigue and Unrest, Routledga Libary Editions, o.O, 2013, EBook, 6

Gottschall, Karin, Entgrenzung von Arbeit und Leben, o.O. 2004, E-Book, 1

Groen, Andrew, The death march: the problem of crunch time in game development, in: http://arstechnica.com/gaming/2011/05/the-death-march-the-problem-of-crunch-time-in-game- development/, 27.05.2011, abgerufen am 10.07.2016

Haas, Nadine, Entgrenzung von Arbeit und Leben, o.O. 2013, E-Book, 1

Hielscher, Volker, Entgrenzung von Arbeit und Leben?, Berlin 2000, E-Book, 3.1

Holzapfel, Nicola, Ständig erreichbar, immer kaputt, in: http://www.sueddeutsche.de/karriere/stressige-it-branche-staendig-erreichbar-immer-kaputt-1.132082, 17.05.2010, abgerufen am 10.07.2016

Janotta, Anja, Wie Google die Work-Life-Balance verbessern will, in: in: http://www.wuv.de/digital/wie_google_die_work_life_balance_verbessern_will, 01.04.2014, abgerufen am 05.07.2016

Jürgens, Kerstin/ Voß, G. Günter, APuZ, Entgrenzung von Arbeit und Leben (34/2007), in: http://www.bpb.de/shop/zeitschriften/apuz/30283/entgrenzung-von-arbeit-und-leben, 20.08.2007, abgerufen am 05.07.2016

Kaplan, Karen, Sleepy Medical Interns Called a Road Hazard, in: http://web.archive.org/web/20081014104835/http://www.latimes.com/news/nationworld/nation/la- sci-sleepy13jan13,1,6909194.story, 13.01.2015, abgerufen am 02.08.2016

Kergal, Studie: Arbeitsplatzgestaltung hat Auswirkungen auf Produktivität in: http://www.shortnews.de/id/851512/studie-arbeitsplatzgestaltung-hat-auswirkungen-auf- produktivitaet, 28.09.10, abgerufen am 05.07.16

Kontio, Carina, Qualmender Kopf und hohe Drehzahl, in: http://www.handelsblatt.com/unternehmen/beruf-und-buero/buero-special/arbeitsverdichtung-und- arbeitsdruck-qualmender-kopf-und-hohe-drehzahl/9792946.html, 26.04.2014, abgerufen am 05.07.2016

Kurzlechner, Werner, Die Mängelliste der IT-Systemhäuser, in: http://www.cio.de/a/die- maengelliste-der-it-systemhaeuser,2303486,2, 02.03.2012, abgerufen am 27.09.2016

Mai, Jochen, Disziplin lernen: 10 Schritte zu mehr Selbstdisziplin, in: http://karrierebibel.de/disziplin-selbstdisziplin-marshmallow-test/, 25.08.2016, abgerufen am 26.09.2016

McPeak, David, Multitasking vs. Switch-Tasking: What's the Difference? In: http://incident- prevention.com/ip-articles/multitasking-vs-switch-tasking-what-s-the-difference, 08.2013, abgerufen am 22.09.2016

Neuman, Tobias, Mitarbeitermotivation als wesentliche Führungsaufgabe, in: http://www.personalmanagement.info/hr-know-how/fachartikel/detail/mitarbeitermotivation-als- wesentliche-fuehrungsaufgabe/, 29.04.2015, abgerufen am 25.08.2016 o.V. Anreizgestaltung, in: http://www.perwiss.de/anreizgestaltung.html, o.J., abgerufen am 23.08.2016

o.V., bab.la Wörterbuch, http://de.bab.la/woerterbuch/englisch-deutsch/it-s-crunch-time, o.J., abgerufen am 05.07.2016

o.V., Begriff und Theorie Entgrenzung und Subjektivierung von Arbeit, in: http://www.arbeitenundleben.de/Ent-Begr.htm, o.J, abgerufen am 05.07.2016

o.V., IT-Profis stöhnen unter der Arbeitsverdichtung, in: http://www.computer-woche.de/a/it-profis- stoehnen-unter-der-arbeitsverdichtung,1094722, 10.11.1998, abgerufen am 10.07.2016

o.V., Kleiner Leitfaden „Literaturrecherche" in: http://www.uni-giessen.de/fbz/fb09/institute/ilr/abfall- und-ressourcenmanagement/lehr-veranstaltungen/lehre/litrech, 05.2010, abgerufen am 03.10.2016

o.V., Kognitive Fähigkeiten, in: http://www.neuronation.de/kognitives-training/kognitive- faehigkeiten, o.J, abgerufen am 02.08.2016

o.V., Linguee-Wörterbuch, http://www.linguee.de/englisch- deutsch/uebersetzung/red+eye+flight.html, o.J., abgerufen am 01.09.2016

o.V., Mitarbeitermotivation durch professionelles Personalmanagement, in: http://www.managerinstitut.de/training/seminar/mitarbeitermotivation-durch-professionelles- personalmanagement.html, o.J., abgerufen am 25.08.2016

o.V., National Institute of Nursing Research, Sustained reduced sleep can have serious consequences, in: https://www.ninr.nih.gov/sites/www.ninr.nih.gov/files/reduced-sleep-consequences.pdf, 12.03.2013, abgerufen am 02.08.2016

o.V., No Man´s Sky im ersten Test: Wer es lieben wird – und wer sich schwer tun wird, in: http://www.pcgameshardware.de/No-Mans-Sky-Spiel-16108/Specials/Wer-es-lieben-und-wer-sich- schwer-tun-wird-1204001/, 12. 08.2016, abgerufen am 01.09.2016

o.V., Tablets allein machen noch keinen Sommer, in: http://www.business- wissen.de/artikel/arbeitsorganisation-tablets-allein-machen-noch-keinen-sommer/, 14.12.2012, abgerufen am 05.07.2016

o.V., Überstunden und lange Arbeitszeiten, in: http://forum.golem.de/kommentare/wirtschaft/itk- entgeltanalyse-gehaelter-in-it-branche-steigen-leicht/ueberstunden-und-lange- arbeitszeiten/60877,2936610,2937136,read.html, 05.03.2012, abgerufen am 10.07.2016

Orgas, Julia, Work-Life-Balance mehr als flexible Arbeitszeiten, in: https://www.staufenbiel.ch/bewerbung-karriere/karriereplanung/work-life-balance/was- unternehmen-fuer-work-life-balance-tun.html, 20.09.2015, abgerufen am 05.07.2016

Ritter, Tobias, No Man's Sky Vorwurf der Spieler: diese angekündigten Features sollen fehlen, in: http://www.gamestar.de/spiele/no-mans-sky/news/no_mans_sky,50366,3301326.html, 17.08.2016, abgerufen am 01.09.2016

Rivera, Joshua, Inside The Video Game Industry's Culture of Crunch Time, in: https://hbr.org/2014/03/googles-scientific-approach-to-work-life-balance-and-much-more, 27.03.2014, abgerufen am 05.07.2016

Robinson, Evan, Why Crunch Modes Doesn't Work: Six Lessons, in, http://www.igda.org/? page=crunchsixlessons, 2005, abgerufen am 02.08.2016

Schrader, Helen, Professionelles Personalmanagement: Mitarbeiter motivieren – Produktivität steigern, in: http://www.unternehmer.de/management people-skills/158906-professionelles- personalmanagement-mitarbeiter-motivieren-produktivitaet-steigern, 19.11.2013, abgerufen am 26.08.2016

Schreier, Jason, The Horrible World Of Video Game Crunch, in: http://kotaku.com/crunch-time- why-game-developers-work-such-insane-hours-1704744577, o.J., abgerufen am 10.07.2016

Schulz, Warren, Crunch Time, in: http://gameindustry.about.com/od/game-development/a/Crunch- Time.htm, 24.02.2016, abgerufen am 10.07.2016

Takashi, Dean, Why 'crunch time' is still a problem in the video game industry, in: http://venturebeat.com/2016/03/20/why-crunch-time-is-still-a-problem-in-the-video-game- industry/, 20.03.2016, abgerufen am 10.07.2016

Töpper, Verena, Aufwärts immer, abwärts nimmer, in: http://www.spiegel.de/karriere/unternehmensberater-das-karriere-prinzip-up-or-out-a-1020499.html, 17.03.2015, abgerufen am 22.08.2016

Voß, G Günter, Die Entgrenzung der Arbeit und der Arbeitskraft, Nürnberg 1998, E-Book, 1

Weilbacher, Jan C., „Viele haben verlernt, eigenverantwortlich zu arbeiten", in: https://www.humanresourcesmanager.de/ressorts/artikel/viele-haben-verlernt-eigenverantwortlich- zu-arbeiten, 06.03.2014, abgerufen am 10.07.2016

Williams, Ian G., Crunched: Has the games industry really stopped exploiting its workforce? in: https://www.theguardian.com/technology/2015/feb/18/crunched-games-industry-exploiting- workforce-ea-spouse-software, 18.02.2015, abgerufen am 02.08.2016